A. FERRET 1980

LES FRANÇAIS
EN ESPAGNE

SOUVENIRS

DES GUERRES DE LA PÉNINSULE

1808—1814

PAR J.-J.-E. ROY

TOURS

ALFRED MAME ET FILS, ÉDITEURS

BIBLIOTHÈQUE

DE LA

JEUNESSE CHRÉTIENNE

APPROUVÉE

PAR S. ÉM. MGR LE CARDINAL ARCHEVÊQUE DE PARIS

2e SÉRIE IN-8o

L'empereur ayant planté sa tente sous les murs de Madrid, la ville capitula, et reconnut le roi Joseph.

LES FRANÇAIS
EN ESPAGNE

SOUVENIRS

DES GUERRES DE LA PÉNINSULE

1808—1814

PAR J.-J.-E. ROY

NOUVELLE ÉDITION

TOURS

ALFRED MAME ET FILS, ÉDITEURS

M DCCC LXVIII

LES FRANÇAIS
EN ESPAGNE

CHAPITRE I (1)

Départ pour l'Espagne. — Arrivée à Bayonne. — Passage de la Bidassoa. — Les charrettes biscayennes. — Irun. — Route d'Irun à Valladolid. — Une *venta* espagnole. — Famille espagnole en voyage. — Séjour à Valladolid. — Mort accidentelle du général Malher. — Départ de Valladolid. — Arrivée et séjour à l'Escurial. — Visite au château de l'Escurial. — Sa description. — Départ pour Madrid.

Au mois de janvier 1808, je reçus l'ordre de rejoindre, en qualité de capitaine d'état-major, le deuxième corps d'observation de la Gironde, commandé par le général Dupont. Je savais que ce corps allait entrer en Espagne, et je n'étais pas fâché de connaître cette contrée, la seule de l'Europe que je n'eusse pas encore visitée. Quoique l'Espagne fût bien déchue de son ancienne splendeur, elle devait encore offrir, à ce qu'il me semblait, un puissant attrait au voyageur curieux, car il ne s'agissait, selon l'opinion générale, que d'une promenade militaire à travers la péninsule, et toute ma crainte était de n'y pas séjourner assez longtemps pour pouvoir en étudier avec soin les monuments, les mœurs

(1) Voir l'avertissement placé en tête de l'ouvrage intitulé : *les Français en Égypte*, par le même auteur. Un vol. in 8°, librairie de Alfred Mame et fils.

et les usages. Combien nous étions loin de penser que nous allions prendre part à une des plus sanglantes guerres des temps modernes; qu'un grand nombre d'entre nous ne sortiraient pas de cette contrée où nous entrions si gaiement, et que ceux qui auraient le bonheur de revoir leur patrie n'y reviendraient qu'après de longues années et de cruelles souffrances! Pour mon compte, jamais je n'eus l'esprit plus dégagé de tout souci, de toute inquiétude pour l'avenir, que le jour où je me mis en route pour Bayonne, où je devais retrouver le deuxième corps. En arrivant dans cette ville, j'appris que ce corps en était parti depuis deux à trois jours, et l'on me remit l'ordre de le rejoindre en toute hâte à Valladolid, où il devait s'arrêter.

Le 25 janvier, je quittai Bayonne avec plusieurs compagnons de voyage appartenant comme moi au deuxième corps. Nous allâmes coucher à Saint-Jean-de-Luz, et le lendemain, à quatre heures de l'après-midi, nous traversions le pont de la Bissadoa, qui sépare la France de l'Espagne. Ce pont était gardé par des Espagnols du côté d'Irun, et par des Français du côté de Béhobie. Malgré une violente tempête qui nous avait assaillis depuis notre départ de Saint-Jean-de-Luz, et qui redoublait encore en ce moment, je m'arrêtai un instant pour jeter un coup d'œil sur l'île des Faisans, appelée aussi l'île de la Conférence depuis qu'elle servit aux réunions des ministres français et espagnols chargés de conclure le fameux traité de paix de 1659. Ce souvenir historique n'était pas le seul motif qui me faisait ralentir ma marche; j'étais arrivé au poteau indicateur de la limite entre les deux États : encore un pas, j'allais me trouver hors de France. Avant de fouler la terre étrangère, je voulus saluer encore une fois ma patrie. Quoiqu'à cette époque les événements de ma vie militaire m'eussent déjà plusieurs fois emporté loin de mon pays, jamais je n'ai passé la frontière sans éprouver un serrement de cœur semblable à celui qu'on ressent en s'éloignant du toit paternel. Cette fois encore, malgré les idées riantes que m'avait jusque-là inspirées notre expédition, je me sentis le cœur plus attristé qu'il ne l'avait jamais été en pareille circonstance. Était-ce un pressentiment des maux que je devais endurer sur le sol étranger, ou un simple effet de la tempête qui rendait si pénible le début de mon voyage? Je ne saurais le dire. Toutefois cette impression ne fut que passagère, et ne tarda pas à être effacée.

A peine avions-nous franchi la Bidassoa, que le bruit criard des charrettes biscayennes nous annonça que nous étions en pays étranger. Ces petites voitures rustiques sont traînées par deux bœufs; elles sont portées sur des roues en bois plein et fixées à l'essieu, qui tourne avec les roues; cela rend le frottement plus fort et plus étendu; de là vient le bruit désagréable et continuel qui signale la marche de ces charrettes. Je demandai à un habitant d'Irun qui revenait de Saint-Jean-de-Luz et faisait route avec nous, comment il se faisait qu'on n'eût pas apporté quelque perfectionnement à ce véhicule par trop primitif: « C'est, me répondit-il, que, comme le bruit de ces charrettes s'entend de fort loin, il avertit les douaniers de l'approche des convois, et rend ainsi la contrebande plus difficile. » J'eus l'air de me contenter de cette raison; mais en voyant l'aspect misérable des paysans qui conduisaient ces voitures, le délabrement de leurs vêtements, l'absence même de toute chaussure chez quelques-uns d'entre eux dans la plus rude saison de l'année, je compris que l'orgueil de l'Espagnol avait préféré mettre sur le compte de l'administration des douanes cet échantillon de l'état arriéré de son pays, au lieu de nous en avouer la véritable cause, c'est-à-dire la misère, l'ignorance et le mauvais goût de ses compatriotes.

Un épais brouillard et la nuit, qui vient de bonne heure au mois de janvier, ne nous permirent pas d'apercevoir Irun avant d'y arriver; seulement les cloches de toutes les paroisses, qui sonnaient l'*Angelus,* nous avaient averti que nous en approchions. Bientôt nous y entrâmes mouillés, gelés, morfondus; nous nous hâtâmes de gagner notre gîte, où je ne fis qu'un somme jusqu'à l'heure de notre départ. C'est le souvenir que j'ai conservé de cette ville.

Nous partîmes d'Irun le 27; nous couchâmes ce jour-là à Hernani, le lendemain à Tolosa, puis à Montdragon, et enfin à Vittoria, où nous devions faire séjour. Mais comme un fort détachement appartenant au deuxième corps se trouvait dans cette ville et devait se mettre en marche le lendemain, nous n'hésitâmes pas, notre destination étant la même, à devancer notre départ d'un jour, afin de joindre notre petite troupe à ce détachement, et de voyager ainsi avec plus d'agrément et de sécurité. Nous quittâmes Vittoria le 31 pour aller coucher à Miranda, et nous continuâmes à marcher d'étapes en étapes, en passant par Pancorbo, Briviesca, Burgos, Celada, Torquemada, Duenas et Valladolid, où nous arrivâmes le 8 février.

Cette route ne nous offrit aucun incident remarquable. J'eus seulement occasion de faire connaissance avec ce qu'on appelle une *venta* ou *posada,* c'est-à-dire une auberge espagnole. Je vais essayer d'en donner une idée à mes lecteurs. On entre en général dans la *venta* par une espèce de hangar qui sert d'écurie; on la traverse au risque d'attraper quelque ruade en passant, et l'on arrive à la cuisine. On donne ce nom à un réduit obscur de trois à quatre mètres carrés, qui ne reçoit le jour que par une large ouverture faite au plafond. Le foyer est au milieu ; la fumée du feu et des viandes qu'on fait frire ou griller n'a pas d'autre issue pour s'échapper que l'ouverture d'en haut : ce qui l'oblige à séjourner assez longtemps dans l'officine, au grand désagrément de la vue et de l'odorat. L'hôte, l'hôtesse et leur famille sont assis sur des bancs de pierres placés le long des murs de la cuisine, n'ayant d'autre occupation que de se chauffer, se peigner mutuellement et fumer le cigarito. On ne trouve jamais rien à manger dans ces auberges ; mais on s'empresse de vous indiquer les maisons où l'on vend du pain, des légumes, de la viande, du gibier, des fruits, du poivre, de l'huile et tous les autres comestibles nécessaires pour le repas. Il faut aller soi-même faire emplette de ces diverses provisions, et les accommoder aussi soi-même dans la poêle à frire de l'hôtellerie, à moins qu'on ne charge l'hôtelier de cette besogne, ce dont nous nous gardions bien, surtout au commencement de notre arrivée en Espagne, à cause de la saleté dégoûtante de ces personnages. Plus tard, l'habitude, et surtout les privations et la misère, nous ont rendus moins difficiles.

La première fois qu'il me prit fantaisie d'entrer dans une *venta*, c'était à la halte entre Torquemada et Duenas. Quelques muletiers y déjeunaient et mangeaient dans la poêle à frire le *guisado*, espèce de ragoût espagnol que je ne saurais mieux comparer qu'à ce que nos soldats et les gens du peuple, en France, appellent *ratatouille*. Nous demandâmes aussi à déjeuner ; l'aubergiste répondit qu'il était prêt à nous préparer notre repas ; mais qu'il fallait absolument attendre que ces messieurs eussent fini, notre *guisado* devant être cuit, servi et mangé dans la même poêle que les muletiers tenaient par la queue. Nous préférâmes un morceau de fromage au brouet de l'hôtellier espagnol, nous excusant toutefois auprès de lui de ne pouvoir goûter à sa cuisine, parce que l'exigence du service ne nous permettait pas de nous arrêter assez longtemps pour cela.

Pendant que nous faisions ce modeste repas, une famille entière débarqua devant l'auberge; elle allait de Valladolid à Burgos. Les femmes étaient dans une *galera,* espèce de chariot à quatre roues, traîné par deux mules; les hommes suivaient montés sur des mules. Trois dames et une femme de chambre sortirent de la *galera;* cette voiture était conduite par un paysan, qui, assis sur le devant, dirigeait ses mules sans rênes et seulement avec la voix et un bâton. Ces voyageurs prirent dans la *galera* les provisions nécessaires pour leur déjeuner, du pain, du riz et du lard. Le vin était dans une *bota,* outre de peau de bouc. Ils préparèrent eux-mêmes leur repas dans la poêle des muletiers, se mirent à table, maîtres et valets; et tout le monde mangea de bon appétit, chacun puisant à son tour dans la poêle et buvant à la même *bota,* mais *à la catalane,* c'est-à-dire en prenant la *bota* d'une main, et en l'élevant de manière à faire tomber le liquide dans leur bouche sans que les lèvres touchent à l'embouchure. L'usage des verres est inconnu dans les campagnes et dans les auberges de ce pays. Il est très-curieux de voir une table d'Espagnols boire ainsi, l'un après l'autre, à la régalade. Ils sont tellement adroits à cet exercice, que, de la plus grande hauteur où leur bras puisse atteindre, ils ne laissent pas tomber une goutte sur leur visage ou sur leurs vêtements.

En rôdant autour de la *galera,* je vis des malles et deux énormes paquets enveloppés de cuir en forme de valise; c'étaient les matelas, draps de lits, couvertures, oreillers de toute la famille ; il faut nécessairement prendre ces précautions dans un pays où tout manque dans les auberges. Celui qui les néglige, ou qui ne peut, pour une cause quelconque, se procurer ces objets, couche par terre ou sur le banc qui règne autour de la table. Ajoutons, pour terminer ce que nous avons à dire des *ventas* espagnoles, que l'hospitalité qu'on y reçoit, quoique réduite à sa plus simple expression, est loin d'être gratuite.

Nous restâmes à Valladolid jusqu'au 17 mars, c'est-à-dire près de six semaines. Je consacrai tout ce temps à étudier la langue espagnole, et cette occupation me fit trouver moins long le séjour de cette ville, qui n'offre rien d'intéressant aux voyageurs. Une partie de mon temps était aussi employée à surveiller les exercices de nos jeunes soldats, car notre corps d'armée se composait presque en totalité de conscrits. Malgré les soins des officiers à leur apprendre le maniement des armes, nous eûmes, l'avant-veille de notre départ, une triste preuve de leur maladresse. Le 15 mars, on faisait la petite guerre dans une plaine voisine de la ville ; pendant qu'on exécutait un feu de deux rangs, le général de division Malher fut tué par la baguette qu'un soldat avait laissé imprudemment dans le canon de son fusil. On ordonna sur-le-champ l'inspection des armes pour découvrir le coupable ou plutôt le maladroit ; dix-huit baguettes manquaient dans la ligne seule qui faisait face au général. Cet événement fit sur nous tous une triste impression. Malher fut la première victime tombée sur une terre qui devait bientôt être arrosée de sang français.

Nous quittâmes Valladolid le 17, en nous dirigeant sur Madrid. Le 20, nous franchîmes la Sierra de Guadarrama, petite chaîne très-élevée qui sépare les deux

Castilles. Après être restés cinq jours dans le triste village de Guadarrama, nous nous rendîmes à l'Escurial.

Cette petite ville est bâtie au pied de la montagne, à huit kilomètres de Guadarrama et à vingt-huit de Madrid ; c'est un *sitio real* (résidence royale). Elle n'offre de remarquable que le couvent de Saint-Laurent, le plus vaste, le plus beau, le plus riche de l'Espagne, où l'on trouve tant de couvents. C'était la première fois, depuis mon entrée en Espagne, que je trouvais un monument digne d'être visité, je me gardai bien de laisser échapper une si bonne occasion.

Cet immense édifice, à la fois monastère et résidence royale, a été construit par les soins de Philippe II, à la suite d'un vœu que ce prince avait fait d'élever un monument sous l'invocation de saint Laurent, pour remercier Dieu de la victoire remportée à Saint-Quentin par l'armée espagnole, le 10 août 1557, jour où l'on célèbre la fête de ce saint martyr. Les travaux furent commencés en 1562 sous la direction de Juan-Bautista Manegro, de Tolède, qui en a fourni le plan et les dessins, et continués, après la mort de cet architecte, en 1567, par son élève Juan de Perrera-Bustamante.

Tout, à l'Escurial, rappelle le martyre de saint Laurent : non-seulement on en voit l'instrument sur les portes, sur les fenêtres, sur les autels, sur les missels, sur les habits sacerdotaux ; mais l'architecte a donné à l'édifice même la forme du gril sur lequel saint Laurent a été brûlé. Extérieurement, le bâtiment forme un carré long; une tour placée à chaque angle figure les pieds du gril ; la galerie intérieure principale, où est située l'église, en forme le manche, et une multitude de galeries transversales qui se coupent à angle droit en représentent les barreaux. La bizarrerie de ce plan ne nuit pas à l'effet. Ce n'est guère qu'en montant sur le dôme qui couronne l'église qu'on peut se rendre compte de l'ensemble de la construction; mais au dehors les quatre faces de l'édifice, conçues dans un goût sévère, uni, presque sans ornements, présentent, indépendamment de leurs proportions grandioses, un accord de bon goût avec la destination austère du monument. C'est bien un cloître, un lieu de retraite, de silence et de méditation. Soit que l'œil se dirige vers la montagne grise et nue comme les côtes de la Provence, soit qu'il embrasse la plaine immense et déserte au bout de laquelle Madrid ne paraît plus qu'un point blanc, soit qu'il se reporte vers les murailles du couvent, toutes en granit massif de couleur grise, rien ne fait diversion aux pensées de recueillement et d'austérité. Le côté septentrional de l'édifice est réservé pour les appartements royaux; le reste appartient à Dieu, et est occupé par des moines hiéronimites appartenant aux premières familles du royaume. L'église, en forme de croix grecque, est vaste et construite comme le reste, dans un goût parfait et d'une simplicité admirable. Quatre énormes piliers carrés, d'environ sept mètres sur chaque face, supportent la double voûte, surmontée au point de jonction par une coupole hardie. Des tableaux des premiers maîtres de l'école italienne et de l'école espagnole décorent les chapelles et le chœur, et de belles peintures à fresque enrichissent le dôme.

On monte par une vingtaine de marches au maître-autel, qui est orné de trois ordres d'architecture placés les uns au-dessus des autres. On n'a rien épargné pour sa décoration. Son tabernacle réunit la richesse et l'élégance. Mais ce qui excite le plus l'admiration, ce sont les tombeaux de Charles-Quint et de Philippe II, placés à droite et à gauche de l'autel. Les statues représentant ces deux souverains sont en marbre blanc, et occupent le devant d'une espèce de chambre ouverte du côté de l'autel et revêtue intérieurement de marbre noir qui fait ressortir l'éclatante blancheur des statues.

Au-dessous même du sanctuaire est le caveau consacré à la sépulture de la famille royale. On y descend par un escalier entièrement revêtu de marbre, et sur la porte on lit une inscription latine indiquant que l'idée de ce monument fut donnée par Charles-Quint; l'exécution en fut projetée par Philippe II; elle fut commencée par Philippe III et achevée par Philippe IV (1). Une lampe éclaire constamment ce séjour de la mort, dont l'austère magnificence frappe d'admiration et de terreur. Les tombeaux, d'une parfaite égalité de forme et d'ornement, sont placés le long des murs et sur plusieurs rangs, élevés l'un au-dessus de l'autre. Ils portent chacun, sur un écusson placé au milieu, le nom du roi dont ils renferment les dépouilles mortelles. Les tombeaux vides sont ornés du même cartouche, mais sans inscription. On donne à ce caveau sépulcral le nom de Panthéon. Je ne pus m'empêcher de sourire en entendant ce nom païen donné à la sépulture des rois catholiques.

(1) En voici le texte tel qu'il est gravé sur le marbre :

Locus sacer mortalitatis exuviis
catholicorum regum
a restauratore vitæ, cujus aræ max.
austriaca adhuc pietate subjacent
optatam diem expectantium.

Quam posthumam sedem sibi et suis
Carolus Cæsarum max. in votis habuit,
Philippus II regum prudentiss. elegit,
Philippus III verè pius inchoavit,
Philippus IV,
clementiâ, constantiâ, religione, magn.
auxit. ornavit, absolvit,
anno Dom. MDCLIV.

La bibliothèque de l'Escurial est très-riche en livres rares; elle contient plus de cinquante mille volumes imprimés, et quatre mille trois cents manuscrits latins, grecs, hébreux et arabes; le nombre de ces derniers est de dix-huit cent cinq. Je remarquai que les livres sont rangés sur les rayons le dos en dedans, de sorte que les visiteurs qui parcourent les salles n'aperçoivent que la tranche, et ne peuvent lire les titres. Je demandai au supérieur, qui avait bien voulu m'accompagner lui-même, et qui montrait beaucoup d'empressement et de complaisance à satisfaire ma curiosité, la cause de cette bizarrerie. « Plusieurs raisons, me répondit-il, ont fait adopter cet usage : d'abord c'est un moyen de conservation pour les reliures, les dorures étant ainsi moins sujettes à s'altérer que si elles étaient exposées au contact de l'air et de la lumière; puis on a voulu éviter l'indiscrétion de certains visiteurs qui, en voyant le titre d'un ouvrage curieux, se permettaient de le prendre eux-mêmes sans en demander la permission au bibliothécaire; enfin, dans une bibliothèque comme la nôtre, on comprend qu'il doit se trouver un peu de tout, même des ouvrages dangereux, comme dans une pharmacie bien assortie il doit se trouver des poisons de différentes sortes; or, des personnes peu éclairées pourraient se scandaliser de voir dans notre bibliothèque des livres que nous leur défendons de lire et de posséder chez eux. »

Le supérieur me fit voir ensuite un cabinet où l'on conservait une quantité considérable d'objets précieux, tels que vases, statuettes et médailles antiques ou modernes. Parmi ces objets, il me montra une médaille d'or à l'effigie de l'empereur Napoléon : c'était un présent qu'il avait reçu de ce souverain lui-même à Paris, où le supérieur des hiéronimites de l'Escurial s'était rendu à l'époque du sacre pour rendre ses hommages au pape Pie VII. Il paraissait attacher un grand prix à ce bijou; il est vrai qu'à cette époque l'Espagne était encore notre alliée; un mois ou deux plus tard, ses sentiments ont dû bien changer.

Pendant notre séjour à l'Escurial, de graves événements se passaient à Aranjuez, autre résidence royale, où se trouvaient en ce moment le roi Charles IV et sa famille. Le jour même où l'on apprit ces événements, je fus envoyé à Madrid auprès du prince Murat, grand-duc de Berg, commandant en chef de toutes les armées françaises qui se trouvaient en Espagne. Il avait demandé un état détaillé de la force et de la situation de notre corps d'armée, et je fus chargé de lui porter ces renseignements. Cette mission m'était on ne peut plus agréable sous plusieurs rapports : il me tardait depuis longtemps de voir la capitale de l'Espagne; j'étais surtout curieux d'apprendre des détails sur les nouvelles intéressantes qui circulaient depuis quelques jours; enfin j'étais bien aise de me retrouver en présence de Murat, que je n'avais pas vu depuis la campagne de Syrie, lors de notre expédition sur les bords du Jourdain (1). Il n'était alors que général de brigade, et j'allais le revoir prince souverain, Altesse Impériale, grand amiral de France et n'ayant plus qu'un pas à faire pour devenir roi. Du haut de tant de grandeur, remarquerait-il le simple officier qu'il avait distingué autrefois à l'affaire du pont de Jacob? Préoccupé de ces pensées, je me mis en route de bon matin, le 3 avril, avec quelques officiers qui avaient obtenu la permission de venir passer quelques jours à Madrid.

(1) Voir *les Français en Égypte*, par l'auteur, un vol. in-8°, Alfred Mame et fils.

CHAPITRE II

Route de l'Escurial à Madrid. — Audience du prince Murat. — La *Fontana de Oro*. — La *Puerta del Sol*. — La révolution d'Aranjuez. — Ses causes. — Élévation de Manuel Godoy. — Portrait de ce favori. — Ses relations avec la France. — Politique de ce personnage. — Mécontentement du peuple et du prince des Asturies. — Projets contre le Portugal. — Traité de Fontainebleau. — Entrée des Français en Espagne. — Complot de l'Escurial. — Ses causes. — Ses effets.

De l'Escurial à Madrid la route est fort belle; après avoir suivi les sinuosités de la montagne, on ne s'écarte presque plus de la ligne droite. Placé sur une éminence qui domine la campagne, le palais du roi vous a déjà signalé Madrid, quand un poteau vous annonce que cette ville est encore éloignée de sept lieues. Après une heure de marche, un autre poteau indique encore six lieues et demie à parcourir. Les lieues d'Espagne sont très-longues (1); il est vrai que les routes principales conduisant à Madrid sont spacieuses et bien entretenues; des poteaux placés de demi-lieue en demi-lieue marquent la distance où l'on se trouve de la capitale.

En arrivant à Madrid, je me rendis avant tout au

(1) La lieue de pays en Espagne est d'environ six kilomètres; mais cette évaluation n'est qu'approximative, et la lieue varie suivant les localités. — La lieue géographique d'Espagne, celle dont se servent les itinéraires et le *Guia de Caminos*, est la plus usitée. C'est celle dont il est question; elle se compose de 7,572 varas de Castille; il en faut 17 1/2 pour faire le degré. Le degré étant de 111,111 mètres, on trouve pour valeur de la lieue géographique d'Espagne six kilomètres trois cent quarante-neuf mètres et quelques fractions.

Buen-Retiro, habité en ce moment-là par le prince Murat, qui avait établi son quartier général dans ce palais. J'obtins facilement une audience dès que j'eus décliné à l'aide de camp de service ma qualité et l'objet de ma mission. Pendant qu'il lisait les dépêches dont j'étais porteur, j'examinais sa physionomie, et j'étais étonné du changement qui s'y était opéré après un si petit nombre d'années. Ce n'était plus ce visage riant où se peignaient l'insouciance et la gaieté; il était sérieux, préoccupé, inquiet. Après avoir lu, il m'adressa quelques questions et fit prendre note de mes réponses par un de ses secrétaires, puis il me congédia en me recommandant d'envoyer mon adresse à l'état-major aussitôt que j'aurais trouvé un logement. Au moment où je me retirais, il me rappela, puis, après m'avoir regardé un instant, il me dit: « Je ne sais si je me trompe, mais je crois que votre figure ne m'est pas inconnue, seulement je ne puis me rappeler où je vous ai vu. — Prince, lui répondis-je, j'ai eu l'honneur, pendant le siége de Saint-Jean-d'Acre, de vous accompagner au deux expéditions que vous fîtes sur les bords du Jourdain. — Bien, bien! je me rappelle parfaitement... Je suis fâché que mes occupations ne me permettent pas de causer plus longtemps avec vous, car j'aime beaucoup m'entretenir avec nos vieux Égyptiens... Venez me voir quand vous voudrez, vous me ferez toujours plaisir... Au revoir, capitaine. » Et il me fit un gracieux signe de tête, auquel je répondis par un profond salut, et je me retirai. Je ne profitai pas de l'invitation, et depuis cette rencontre je n'ai jamais revu Murat.

En quittant le *Buen-Retiro*, je me rendis à la *Fontana de Oro*, célèbre hôtel garni, café et restaurant tenu à la française. C'était là que j'avais donné rendez-vous à mes compagnons de voyage. La *Fontana de Oro* est située sur la place appelée la *Puerta del Sol;* c'est le quartier le plus fréquenté de la ville, et le point de réunion des oisifs, des curieux et des nouvellistes; d'un autre côté, tous les étrangers d'un certain rang descendent à la *Fontana de Oro*, et les gens aisés de la ville qui n'ont pas de maison montée s'y rendent constamment pour y prendre leur repas. Cet hôtel était alors encombré d'officiers supérieurs français, et il était impossible d'y trouver un logement; nous convînmes, mes camarades et moi, d'y prendre seulement nos repas, pour nous délasser un peu de la cuisine espagnole, et de chercher à nous loger en ville comme nous pourrions.

Ces résolutions arrêtées, nous commençâmes par faire un excellent déjeuner, tout en nous informant des nouvelles du jour. Nous étions on ne peut mieux placés pour être parfaitement renseignés; aussi en peu de temps nous fûmes au courant de tout ce qui se passait. Il est nécessaire d'entrer en quelques détails sur ces événements, qui eurent une si grande influence sur le sort de l'Espagne, et sur celui des Français appelés à y faire la guerre à cette époque, et pendant les années qui suivirent jusqu'en 1814.

Quand la révolution française éclata, Charles IV suivit la politique des États voisins contre la France. A l'époque du procès de Louis XVI, le roi d'Espagne fit tous ses efforts pour sauver cet infortuné monarque. Quand la hache révolutionnaire eut fait tomber la tête du roi martyr, un cri d'horreur s'éleva d'un bout à l'autre de l'Espagne, et la nation tout entière s'unit à son gouvernement lorsqu'il déclara la guerre aux bourreaux de Louis XVI. « Tous les bras s'offrirent et toutes les bourses s'ouvrirent, dit M. de Pradt; l'Espagne dépassa tout ce que, à aucune époque de l'histoire moderne, on connaît d'offrandes offertes par le patriotisme aux gouvernements qui ont réclamé son appui (1). » Cet élan fut couronné d'abord de brillants succès ; mais bientôt Dugommier, Pérignon et Moncey reprirent l'avantage, refoulèrent les Espagnols au delà des Pyrénées, et s'avancèrent jusqu'à l'Èbre. Pendant ce temps-là d'heureux événements s'accomplissaient à Paris : le 9 thermidor avait amené la chute de Robespierre, et avait mis un terme au règne affreux de la Terreur. Lorsque le système de la modération fut rétabli, les souverains coalisés consentirent à traiter avec un gouvernement qui semblait présenter des garanties de justice et d'humanité. Le roi de Prusse fut le premier à quitter la coalition ; il abandonna à la république les provinces qu'elle avait conquises, et à ce prix il conclut la paix, le 5 avril 1795. L'Espagne ne tarda pas à l'imiter; après plusieurs mois de discussion, la paix fut signée à Bâle le 22 juillet 1795. L'Espagne en cette circonstance fut traitée plus favorablement que toutes les autres nations; elle ne perdit en Europe aucune partie de son territoire. Les armées françaises restituèrent les conquêtes qu'elles avaient faites au midi des Pyrénées. Ce traité, honorable pour l'Espagne, avait été obtenu par un jeune ministre qui s'était rapidement élevé dans la faveur du roi : c'était Emmanuel Godoy, qui reçut à cette occasion le titre de prince de la Paix. Puisque je viens de prononcer le nom de ce personnage fameux, qui tient une si grande place dans l'histoire de la révolution d'Espagne, il est nécessaire de le faire connaître plus amplement au lecteur.

Manuel Godoy, né à Badajoz en Estramadure, appartenait à une famille noble de cette province. Il était entré dans les gardes du corps du roi d'Espagne en 1784. Re-

(1) De Pradt, *Mémoires historiques sur la révolution d'Espagne.*

marqué par le roi et par la reine, il obtint facilement les bonnes grâces de son souverain, et son avancement fut rapide. En 1791, il fut nommé adjudant général et grand-croix de l'ordre de Charles III. En 1792, Charles IV le créa duc de la Alcudia, lieutenant général et ministre des affaires étrangères, en remplacement du vieux comte d'Aranda, le vétéran de la diplomatie espagnole, en qui l'âge n'avait pas altéré la justesse de l'esprit, mais avait diminué l'énergie du caractère. Cette élévation subite du jeune favori excita, comme on le pense bien, le mécontentement des grands et de toute la cour. Quels motifs, disait-on, alors que le roi avait besoin de la sagesse de nos plus vieux conseillers, pouvait-il avoir pour remettre le soin des affaires à un jeune homme sans expérience et sans antécédents politiques? La malignité, la haine, la jalousie ne manquèrent pas de trouver ou d'inventer au besoin des raisons plus ou moins réelles, plus ou moins honteuses, de la faveur étonnante de Godoy. Le roi ne tint aucun compte de ces murmures, et il ne cessait chaque jour de combler son protégé de richesses, de puissance et d'honneurs. Nous avons vu qu'après le traité de Bâle, Godoy avait été prince de la Paix. L'année suivante, à la suite du traité de Saint-Ildefonse, qui renouvelait en quelque sorte le pacte de famille avec la France (le pacte de famille entre la branche cadette des Bourbons et la Révolution qui venait d'exterminer la branche aînée, entre le roi catholique et le Directoire, ennemi des prêtres!), Charles IV voulut que son ministre fût allié à la famille royale, et il lui fit épouser la comtesse de Clinchon, dona Maria-Teresa de Vallabriga Bourbon, fille de l'infant don Luis et descendant de Philippe V. En 1798, le prince de la Paix ayant inspiré quelque défiance au gouvernement français, le Directoire sollicita et obtint du roi d'Espagne son renvoi du ministère. Mais en perdant le titre de ministre, Godoy n'avait pas perdu la puissance; son crédit, au contraire, n'avait fait qu'augmenter. Charles IV le nomma généralissime des troupes de terre et de mer; et devenu en quelque sorte l'*alter ego* du souverain, s'il n'était plus à la tête du ministère, c'était lui qui faisait et défaisait les ministres, et qui gouvernait en réalité le royaume.

Le Directoire n'eut pas le temps de se plaindre d'un arrangement qui était loin de répondre à ses vues; le pouvoir lui échappait à lui-même pour passer aux mains du vainqueur d'Arcole et des Pyramides. Charles IV applaudit avec enthousiasme au 18 brumaire, et à l'élévation d'un homme qui savait comprimer avec fermeté les factions et anéantir l'esprit révolutionnaire.

L'existence d'un pouvoir plus concentré et plus énergique en France resserra les nœuds de l'alliance franco-espagnole. Pendant toute la durée du Consulat et les premières années de l'Empire, l'Espagne mit au service de la France ses soldats, ses trésors, sa marine. Cette marine périt à Trafalgar avec la marine française, et l'Espagne partagea ainsi nos désastres en mer sans partager nos triomphes sur le continent. En effet, l'empereur Napoléon, le jour même où il apprit le désastre de Trafalgar, venait de prendre dans Ulm une armée autrichienne; quelques jours plus tard il battit à Austerlitz les empereurs d'Autriche et de Russie, et de nouveaux triomphes l'attendaient encore en Italie.

Le roi de Naples, contrairement au traité signé avec Napoléon le 21 septembre 1805, en apprenant la déclaration de guerre avec l'Autriche, ayant reçu dans ses États une armée russe et anglaise, avait tenté d'envahir la Toscane et de se jeter sur les derrières de l'armée française commandée par Masséna. L'empereur avait eu connaissance de cette agression quelques jours avant la bataille d'Austerlitz. Il garda le silence ; mais quand il eut vaincu l'Autriche et la Russie, le jour même où les plénipotentiaires signaient le traité de Presbourg, il publia une proclamation où il reprochait au roi de Naples son manque de foi, et qui se terminait ainsi : « La dynastie de Naples a cessé de régner ! son existence est incompatible avec le repos de l'Europe et l'honneur de ma couronne. » Il suffit aux armées françaises de quelques semaines pour réaliser cette menace ; Ferdinand, chassé de sa capitale, fut forcé de se réfugier en Sicile, et Joseph Bonaparte, frère de l'empereur, fut nommé roi de Naples et reconnu en cette qualité par toutes les puissances de l'Europe en paix avec la France.

L'Espagne seule hésita à reconnaître le nouveau roi. Ce qui se passait en Italie était bien fait pour donner à réfléchir à Charles IV, car c'était la même famille qui régnait à Naples et à Madrid. On dit même que Napoléon, en apprenant le refus que faisait le roi d'Espagne de reconnaître Joseph, répondit : « Eh bien, s'il refuse de reconnaître mon frère pour roi de Naples, son successeur le reconnaîtra. »

Charles IV, blessé dans ses affections de famille, menacé lui-même du sort qui venait de frapper son frère le roi de Naples, prêta une oreille plus facile aux puissances qui cherchaient à l'entraîner dans la coalition contre la France. Il négociait avec Strogonoff, qui lui était envoyé par la Russie, et il chargeait Augustin Arguelles d'aller à Londres pour ouvrir des négociations avec l'Angleterre. Enfin, sans attendre le résultat de ces démarches, avant que rien fût prêt pour la guerre, dans un de ces accès d'imprudence qui ont quelquefois entraîné la ruine d'un État, le prince de la Paix publia un manifeste dans lequel il appelait les Espagnols aux armes pour combattre un ennemi qu'il ne nommait pas, mais qu'il désignait suffisamment.

Ce fut au commencement de la campagne de Prusse que l'empereur reçut la proclamation du prince de la Paix. Si le cabinet espagnol avait pensé que des revers attendaient l'armée française sur ce nouveau champ de bataille, il fut promptement détrompé. Quelques jours s'étaient à peine écoulés depuis que cette pièce avait été publiée, quand la nouvelle de la bataille d'Iéna et de la conquête de la Prusse arriva à Madrid. Roi, reine, favori, ministres, tous furent consternés. Godoy ne songea qu'aux moyens d'apaiser Napoléon, qu'il supposait d'autant plus irrité contre lui, qu'il était seul signataire de la proclamation et qu'il y parlait en son propre nom. Il envoya à Berlin don Eugenio Izquierdo, son agent particulier et confidentiel, pour tâcher de calmer l'empereur. Il sema l'or et les présents parmi les agents de la diplomatie française ; il s'abaissa devant le héros d'Austerlitz et d'Iéna ; il supplia, il demanda merci.

Napoléon, ne regardant pas comme décidée la lutte qu'il soutenait dans le Nord tant qu'il n'aurait pas fait la paix avec la Russie, ne crut pas qu'il fût possible à la France de combattre en même temps aux Pyrénées et sur la Vistule, à Cadix et à Moscou. Il accueillit les explications du prince de la Paix, et sa vengeance fut différée jusqu'au jour où elle s'accorderait avec sa politique. Mais il voulut affaiblir encore davantage l'Espagne en la dépouillant d'une partie de ses forces, et la jeter encore plus profondément dans son système continental, qu'il venait de compléter par son fameux décret de Berlin. En conséquence, il exigea, en vertu du traité de Saint-Ildephonse, que l'Espagne lui fournît des troupes auxiliaires. Heureux d'échapper à ce prix aux effets d'un courroux qu'il avait tant redouté, le prince de la Paix s'empressa de mettre à la disposition de Napoléon un corps de quinze à seize mille hommes, l'élite des soldats espagnols, commandés par la Romana, général qui avait fait ses preuves. Ces troupes furent envoyées sur les bords de la Baltique. En même temps Joseph Bonaparte fut reconnu roi des Deux-Siciles. Le décret de Berlin, qui mettait l'Angleterre en état de blocus permanent, et condamnait aux flammes les produits de l'industrie anglaise, fut proclamé et exécuté en Espagne. Tant de concessions parurent satisfaire le monarque français, et il daigna le témoigner au roi Charles IV et à son favori.

On reste confondu en voyant l'aveuglement du roi d'Espagne pour cet homme dont l'inconcevable légèreté, après avoir compromis la monarchie, ne trouvait, pour réparer sa faute, que des concessions humiliantes à faire à celui qu'il avait offensé. Ivre de joie, Charles IV, ne sachant comment récompenser assez l'homme qu'il regardait comme le sauveur de sa monarchie, lui donna le titre d'Altesse Sérénissime, et, par une cédule royale, le nomma protecteur du commerce. Le favori fanfaron voulut, dans les premiers jours de janvier 1807, faire, comme Altesse Sérénissime, une espèce d'entrée triomphale à Madrid, au milieu d'un immense concours de gens attirés par la nouveauté du spectacle, et qu'il eût été volontiers tenté d'appeler son peuple.

C'est ici l'apogée, la plénitude de la puissance de Godoy. Les titres et les honneurs usités dans la monarchie ne suffisaient pas à l'inépuisable bienveillance de ses maîtres, ils l'avaient créé prince de la Paix. C'était la première fois, depuis l'origine de la monarchie, que ce titre de prince était porté par un sujet d'origine espagnole. Une portion des domaines publics lui avait été concédée en pur don; des trophées sur sa voiture, des prérogatives de palais accordées aux seuls membres de la famille royale, des honneurs militaires exclusifs, et enfin un corps militaire attaché spécialement à la garde de sa personne, l'avaient placé dans un rang auquel nul ne pouvait atteindre. La dignité de grand amiral, depuis longtemps supprimée, avait été rétablie en sa faveur. Il était généralissime de l'armée, et en outre chef particulier de toutes les armes, directeur de tous les services. On venait encore de le créer protecteur du commerce et des colonies. Ainsi le monarque avait déposé en ses mains la plénitude du pouvoir royal, dans un pays où le roi était absolu. Au faîte de la puissance, Godoy n'oublia pas ses parents. Ses oncles furent ministres; son frère, créé duc d'Almodovar del Campo, fut nommé commandant du régiment des gardes espagnoles; ses sœurs épousèrent des grands d'Espagne. Jamais en Espagne, où, selon l'expression d'un célèbre écrivain, la race des favoris est indigène (1), on ne vit tant d'honneurs et de puissance accumulés sur la tête de l'un d'eux; mais jamais aussi il ne s'était peut-être amassé contre lui plus de haine dans tous les rangs de la société; car depuis les grands du royaume, et à leur tête l'héritier du trône lui-même, jusqu'au simple artisan des villes, jusqu'au dernier paysan des campagnes, Godoy était détesté; les uns travaillaient à le renverser, les autres attendaient avec impatience le jour où ils pourraient applaudir à sa chute.

Le prince de la Paix ne se faisait pas illusion sur sa position; la politique lui commandait de se préparer un refuge que l'âge avancé et les infirmités du roi devaient rendre bientôt nécessaire. Ce refuge, ne pouvait-il pas le trouver dans la toute-puissance de l'homme qui était alors l'arbitre de l'Europe, et qui distribuait à son gré

(1) Le général Foy, *Histoire de la guerre de la Péninsule*, t. II.

les principautés et les royaumes? Pourquoi lui Godoy, qui présidait aux destinées de l'Espagne et qui rendait d'immenses services à la France, n'aurait-il pas obtenu une principauté, comme Talleyrand avait eu celle de Bévévent, comme Fouché avait reçu le duché d'Otrante? Nous allons voir qu'il put croire une instant à la réalisation de ce rêve.

La paix avait été signée à Tilsitt, entre la France et la Russie, entre la France et la Prusse. Alexandre et Frédéric-Guillaume avaient adhéré au système continental, et toutes les côtes maritimes du continent européen se trouvaient ainsi fermées au commerce anglais. Le Portugal seul restait accessible à l'influence directe de la Grande-Bretagne; c'était donc là que Napoléon devait chercher à atteindre sa rivale. Ses projets sur ce royaume avaient été l'objet d'une partie des conférences de Tilsitt; Alexandre ne s'était nullement opposé à ce que pouvait méditer Napoléon au midi de son empire, à condition que celui-ci ne le gênerait pas non plus dans ses desseins sur la Finlande.

Aussitôt après son retour à Paris, l'empereur Napoléon rassembla à Bayonne un premier corps d'armée de vingt-cinq mille hommes, sous le nom de *corps d'observation de la Gironde*. En même temps on négociait pour régler par un traité la part que l'Espagne prendrait à cette guerre et la manière dont le partage des conquêtes aurait lieu. Ce traité fut conclu, non pas entre l'ambassadeur officiel d'Espagne, le prince Masserano, et le ministre des affaires étrangères de France, comme c'est l'ordinaire, mais entre le général Duroc, grand maréchal du palais de l'empereur, et don Eugenio Izquierdo, l'agent du prince de la Paix, à l'insu de l'ambassadeur et du ministre.

La négociation fut conduite dans l'ombre. Duroc n'en

rendait compte qu'à l'empereur ; Izquierdo correspondait avec le prince de la Paix, et seulement avec lui. Les deux négociateurs conclurent, le 27 octobre 1807, à Fontainebleau, un traité qui effaçait le Portugal de la liste des puissances. Des six provinces dont ce royaume était composé, la plus septentrionale, dite d'entre Duero et Minho, était donnée en propriété et souveraineté, y compris la ville d'Oporto, au roi d'Étrurie, infant d'Espagne, et érigée en royaume sous le titre de Lusitanie septentrionale. Les provinces des Algarves et l'Alentejo seraient érigées en une principauté dont la souveraineté, avec droit de transmission à ses descendants, serait donnée au prince de la Paix avec le titre de prince des Algarves. Le royaume de Lusitanie et la principauté des Algarves seraient placés sous la suzeraineté du roi d'Espagne. Le reste du Portugal serait séquestré pour être restitué, lors de la paix générale, à la maison de Bragance, en échange de Gibraltar, de l'île de la Trinité, et des autres possessions maritimes conquises par les Anglais sur les Espagnols. L'empereur des Français devait prendre tout de suite possession du royaume d'Étrurie, et le roi d'Espagne prendrait le titre d'empereur des deux Amériques.

Ce traité de partage du Portugal fut signé à Fontainebleau le 27 octobre 1807 ; mais dès le 18, le corps d'observation de la Gironde avait franchi la Bidassoa sous les ordres de Junot. Partout sur son passage, l'armée française était fêtée par les habitants de toutes les classes. Le nom et la gloire de Napoléon avaient acquis à cette époque une popularité extraordinaire en Espagne. Les Espagnols sont religieux et chevaleresques au suprême degré : autant l'irréligion et les scènes sanglantes de 1793 leur avaient inspiré d'horreur, autant ils avaient de vénération pour celui qui avait détruit l'hydre révolutionnaire, qui avait relevé les autels du vrai Dieu, et reçu l'onction sacrée des mains du souverain pontife. Puis les brillantes victoires des armées françaises et de leur illustre chef excitaient le plus vif enthousiasme, et de toutes parts on accourait sur les routes traversées par nos soldats pour les saluer par des cris de bienvenue et des souhaits de nouveaux triomphes.

Mais tandis que les Français entraient ainsi paisiblement en Espagne, et qu'à peine Junot avait dépassé Vittoria, un événement de la plus haute gravité vint occuper l'attention publique, et amener une série d'autres événements impossibles à prévoir. Le 30 octobre, l'ennemi le plus implacable de Godoy, l'héritier de la couronne d'Espagne, le prince des Asturies, est tout à coup arrêté comme chef d'un complot tendant à détrôner son père. Le même jour, le roi Charles IV fait présenter à ses conseillers une communication où se trouvent les passages suivants : « ..... Ma vie, qui a été si souvent en « danger, était une charge pour mon successeur, qui, « préoccupé, aveuglé, et abjurant tous les principes de « religion qui lui étaient imposés, avec le soin et l'amour « paternel, avait adopté un plan pour me détrôner. J'ai « voulu m'en imposer sur la vérité de ce fait. L'ayant « surpris dans mon appartement, j'ai mis sous ses yeux « les chiffres d'intelligence et instances qu'il recevait « des malveillants; j'ai appelé à l'examen le gouver- « neur lui-même du conseil; je l'ai associé aux autres « ministres pour qu'ils prissent avec la plus grande di- « ligence leurs informations. Tout s'est fait : il en est « résulté la connaissance de différents coupables dont « l'arrestation a été décrétée ; celle de mon fils est son « habitation... »

Le même jour, Charles IV écrivait à l'empereur Napoléon une lettre ainsi conçue : « Monsieur mon frère,

« dans le moment où je ne m'occupais que des moyens « de coopérer à la destruction de notre ennemi com- « mun, quand je croyais que tous les complots de la « ci-devant reine de Naples avaient été ensevelis avec « sa fille (1), je vois avec une horreur qui me fait fré- « mir que l'esprit d'intrigue le plus horrible a pénétré « jusque dans le sein de mon palais. Hélas ! mon cœur « saigne en faisant le récit d'un attentat si affreux ! « Mon fils aîné, l'héritier présomptif de mon trône, « avait formé le complot horrible de me détrôner ; il « s'était porté jusqu'à l'excès d'attenter contre la vie de « sa mère. Un attentat si affreux doit être puni avec « la rigueur la plus exemplaire des lois. La loi qui « l'appelait à la succession doit être révoquée ; un de « ses frères sera plus digne de le remplacer et dans « mon cœur et sur le trône. Je suis dans ce moment « à la recherche de ses complices pour approfondir ce « plan de la plus noire scélératesse, et je ne veux pas « perdre un seul moment pour en instruire Votre Ma- « jesté impériale et royale, en la priant de m'aider de « ses lumières et de ses conseils. — Sur quoi je prie « Dieu, etc. »

Voici ce qui avait précédé et amené cet événement extraordinaire, qui rappelait le souvenir de Philippe II et de l'infortuné don Carlos.

Ferdinand, prince des Asturies, à peine âgé de vingt-trois ans, était veuf depuis seize mois d'une fille de la reine de Naples. Le roi son père, à l'instigation de Godoy, voulut lui faire épouser en secondes noces dona Maria-Luisa de Bourbon, sœur cadette de la femme du prince de la Paix. Ce mariage, sous un rapport, ne bles-

(1) Le prince des Asturies avait épousé en première noces Marie-Antoinette de Naples, fille de la reine Caroline, l'ennemie implacable de Napoléon et des Français.

sait pas les convenances, car l'épouse désignée était la petite-fille de Philippe V; mais le jeune prince s'irrita contre un arrangement dont l'effet serait de le rapprocher de l'homme qu'il regardait comme un ennemi mortel et comme le fléau de la monarchie. Ses conseillers approuvèrent sa juste répugnance. On lui suggéra, pour le délivrer de l'obsession du roi et du favori, l'idée heureuse de demander à l'empereur des Français une épouse de sa maison ou de son choix, en lui faisant entendre que ce monarque serait flatté d'une marque de condescendance qui assurerait la durée de sa prépondérance en Espagne, en même temps qu'une princesse du sang impérial servirait à Ferdinand d'égide contre l'égarement de ses parents et contre les attaques de Godoy.

François de Beauharnais était alors ambassadeur de France à Madrid. S'il ne fut pas l'auteur du projet, au moins y donna-t-il les mains avec un empressement qui n'était pas tout à fait désintéressé; car dans les conférences qu'il eut à ce sujet avec le prince des Asturies, il lui conseilla de demander à l'empereur la main de Mlle Tascher de la Pagerie, nièce de l'impératrice Joséphine.

Le prince de la Paix, instruit de toutes ces intrigues par ses espions, ne s'alarmait point; il entretenait une correspondance particulière avec le grand maréchal Duroc, et recevait des renseignements de son négociateur Izquierdo. Le traité de Fontainebleau, qui commençait à s'exécuter, ne contribua pas peu à le rassurer contre ses ennemis; mais Ferdinand pouvait en contrarier l'exécution. Le moyen le plus court de pourvoir à cette difficulté était de perdre le prince. Le favori crut enfin en avoir trouvé l'occasion.

Les amis de Ferdinand, pressés d'accomplir leur dessein, et s'appuyant sur l'assentiment que l'ambassadeur de France semblait leur donner, firent écrire à Napoléon, par le prince des Asturies, le 11 octobre, une lettre dans laquelle *il demandait à S. M. I. l'honneur de s'allier à son auguste famille.* Godoy ne tarda pas à avoir connaissance de cette lettre par ses espions. Cette démarche fort simple, et dans laquelle Ferdinand n'avait eu d'autre tort que de s'être caché de ses parents, de n'avoir pas demandé leur avis et leur consentement, fut par le perfide favori transformée en un crime capital. Trompé par ses mensonges, le crédule Charles IV fut persuadé qu'il ne s'était agi de rien moins que de lui arracher la couronne, et même d'attenter à ses jours et à ceux de la reine. S'étant mis à la tête de ses gardes, il arrêta lui-même son fils et plusieurs de ses confidents, entre autres le chanoine Escoiquiz, son ancien précepteur, et le duc de l'Infantado ; puis il écrivit à Napoléon la lettre que nous avons rapportée, et publia le décret qui convoquait le conseil de Castille pour juger son fils et ses complices.

On ne peut pas dire quelle eût été l'issue du procès de l'Escurial en d'autres circonstances. La reine haïssait mortellement son fils; Charles IV ne voyait et ne pensait que par les yeux et la volonté de son favori. Mais le nom de Napoléon s'était trouvé mêlé à cette intrigue : l'extrême danger qu'on eût couru en blessant la susceptibilité de l'empereur fut le salut de Ferdinand. Le prince de la Paix, effrayé de la part que l'ambassadeur de France avait prise à cette affaire, se repentit bientôt de l'éclat qu'il y avait donné, et se hâta d'étouffer la procédure. On fit signer au prince des Asturies des actes de repentir que Godoy avait rédigés. Il s'avoua coupable, dénonça ses complices, et promit une amitié inaltérable au prince de la Paix. Cette réconciliation ressemblait assez à celle de ces deux personnages mis en scène par le Sage, qui fait dire à l'un d'eux : « On nous réconcilia, nous nous embrassâmes, « et dès lors nous sommes ennemis mortels ! » A ce prix la liberté fut rendue à Ferdinand, et ses amis furent dispersés dans divers lieux d'exil. Au reste, cette mesure fut exécutée avec si peu de rigueur, que le prince des Asturies ne cessa pas d'être en correspondance avec Escoiquiz et avec les autres individus de son parti. Bientôt Charles IV, cédant à sa bonté habituelle, sembla avoir oublié le complot de l'Escurial, et lui-même, entraîné par la force des circonstances, écrivit à l'empereur, en lui demandant pour Ferdinand la main d'une princesse du sang impérial. Napoléon, qui se trouvait alors en Italie, et qui sans doute n'avait pas encore arrêté d'une manière définitive la marche qu'il voulait suivre à l'égard de l'Espagne, proposa à Lucien de donner sa fille pour épouse au prince des Asturies; mais les événements se succédèrent avec une telle rapidité, que ce projet d'alliance fut abandonné aussitôt que conçu.

Beaucoup d'historiens ont prétendu que Napoléon avait pris à tâche, dans cette circonstance, de diviser et de brouiller encore davantage la famille royale, afin de parvenir plus sûrement à sa ruine. Pour moi, je suis convaincu que Napoléon était complétement étranger aux intrigues de l'Escurial, comme il le fut plus tard aux événements d'Aranjuez; mais que ces dissensions de la famille royale aient déterminé la marche de sa politique à l'égard de l'Espagne, voilà ce dont on ne saurait douter. Le prince de la Paix avait cru perdre Ferdinand par l'affaire de l'Escurial; il n'avait réussi qu'à se rendre plus impopulaire, et avec lui le roi et la reine d'Espagne, tandis que Ferdinand avait grandi aux yeux de la nation.

CHAPITRE III

Occupation du Portugal par l'armée française. — Entrée en Espagne de plusieurs corps d'armée. — Surprise de plusieurs forteresses en Catalogne. — Sécurité de la nation espagnole et de la cour de Madrid. — Nouvelles propositions de Napoléon. — Ses projets sur l'Espagne. — Le prince de la Paix conseille au roi de se réfugier en Amérique. — Conjectures sur les résultats probables de ce conseil. — Le prince des Asturies et le peuple s'opposent à ce projet. — Révolution d'Aranjuez. — Dangers que court le prince de la Paix. — Lettres de Charles IV à Napoléon. — Abdication de Charles IV au profit de son fils. — Proclamation de Ferdinand VII. — Son entrée à Madrid. — Accueil fait aux Français par les Espagnols. — Visite dans Madrid. — Principaux monuments, palais, églises. — L'épée de François Ier rendue à Napoléon. — La semaine sainte à Madrid. — L'*Ecce homo*. — Le signe de croix. — Les promenades de Madrid. — Les *serenos*. — Départ pour Aranjuez.

L'agitation causée par le complot de l'Escurial n'arrêta pas un seul instant la marche des Français. Junot pénétra en Portugal sans rencontrer de résistance ; et, le 30 décembre, il arriva à Lisbonne, que le prince régent de Portugal venait d'abandonner pour se réfugier au Brésil avec toute la famille royale. Les Espagnols de leur côté, sous la conduite du marquis del Socorro et de Francisco Taranco, avaient pris part à cette invasion, ainsi que cela avait été convenu par le traité de Fontainebleau.

Le Portugal étant conquis, l'empereur n'avait plus de prétexte pour envoyer de nouvelles troupes dans la Péninsule. Cependant une seconde armée, sous le nom de *deuxième corps d'observation de la Gironde*, avait pénétré en Espagne sur la fin de décembre 1807 et au commencement de janvier 1808. Ce corps, dont je faisais partie, n'était nullement destiné à renforcer l'armée de Portugal; on a vu que nous n'avions pas quitté un instant la route de Madrid, et que nous nous étions approchés petit à petit de cette capitale. Notre armée avait été suivie à peu de distance par une troisième désignée sous le nom de *corps d'observation des côtes de l'Océan,* et commandée par le maréchal Moncey. En même temps, à l'autre extrémité des Pyrénées, à Perpignan, des troupes françaises et italiennes se réunissaient sous le nom de *division des Pyrénées orientales,* et s'avançaient en Catalogne sous le commandement des généraux Duhesme, Chabran et Lecchi. Pour pallier ces infractions au traité de Fontainebleau, le *Moniteur* publia, le 24 janvier 1808, un rapport de M. de Champagny à l'empereur, exposant que les Anglais se préparaient à attaquer les côtes de l'Andalousie, en sorte qu'il y avait nécessité pour l'empereur de veiller sur toute l'étendue de la Péninsule. Du reste, cette précaution était presque superflue, tant les esprits étaient peu disposés à concevoir les moindres soupçons sur un si grand déploiement de forces, qui s'exécutait sans bruit, et dont s'apercevaient à peine les Français et les Espagnols eux-mêmes. Cependant des faits extrêmement graves s'accomplissaient en Catalogne, et auraient dû ouvrir les yeux aux moins clairvoyants. Les forts de Barcelone, de San-Fernando, de Figuières et la citadelle de Barcelone furent enlevés par surprise et restèrent au pouvoir des Français.

Chaque jour des troupes nouvelles entraient en Espagne. Déjà on y comptait plus de cent mille Français, qui étaient partout accueillis comme des alliés, comme des amis. Nous autres officiers, pas plus que les généraux, nous ne savions quelle œuvre nous étions destinés à accomplir. Mais n'entendant chez nos hôtes que malédictions contre l'indigne favori, l'auteur de tous les maux de la patrie, nous étions entraînés à nous associer par sympathie à l'indignation publique, et bon nombre d'entre nous répétaient, par cette contagion de l'opinion si forte chez un peuble communicatif, que l'armée venait en Espagne pour faire justice d'un méchant.

Les corps de troupes qui étaient entrés les uns après les autres dans la Péninsule formaient autant d'armées distinctes, dont chacune avait son commandant, son état-major et son administration. Quand Napoléon pensa que le moment approchait de faire agir ensemble ces armées, il leur donna un chef : c'était, comme je l'ai dit, le prince Murat, grand-duc de Berg, beau-frère de Napoléon, qui fut envoyé en Espagne avec le titre et l'autorité de lieutenant de l'empereur. En même temps, pour prolonger la sécurité de la nation espagnole, Napoléon fit présenter au roi et à la reine, par un chambellan, douze chevaux de la plus grande beauté, et il écrivit à Charles IV qu'il se proposait de lui faire bientôt une visite, et de régler ensemble, amicalement et sans l'intermédiaire des formes diplomatiques, les affaires de l'Espagne et du Portugal. Cette franchise et des soins si gracieux tranquillisèrent complétement la cour de Madrid.

Mais cette sécurité ne fut pas de longue durée, et l'arrivée d'Izquierdo, l'agent dévoué de Godoy, le négociateur du traité de Fontainebleau, vint faire évanouir toutes les illusions. Il apportait du gouvernement français de nouvelles propositions, qui n'étaient pas même un *ultimatum*, mais qui annonçaient les vues nouvelles de Napoléon sur la Péninsule. Voici le texte des notes rédigées d'après les transmissions verbales du grand maréchal du palais, Duroc : « L'empereur

« veut échanger le Portugal contre les provinces au « nord de l'Èbre, afin d'épargner l'inconvénient d'un « chemin militaire à travers la Castille. Sa Majesté « désire que les Français et les Espagnols commercent « librement et réciproquement dans les colonies de « chacune des deux puissances, en payant les droits « auxquels les indigènes sont assujettis. Un nouveau « traité offensif et défensif lui paraît nécessaire pour « lier plus étroitement l'Espagne au système fédératif « continental. Le repos de son empire est intéressé à « ce que l'ordre de succession au trône d'Espagne soit « fixé d'une manière irrévocable. Sa Majesté est dispo- « sée à permettre au roi de porter le titre d'empereur « des Indes occidentales, et à accorder sa nièce pour « femme au prince des Asturies; mais ce mariage sera « l'objet d'une négociation spéciale. »

Godoy fut atterré à la lecture de ces notes, et bien plus encore du commentaire que lui en fit son confident Izquierdo; car ce dernier était trop versé dans l'intrigue pour n'avoir pas enfin pénétré que Napoléon voulait disposer à son gré de toute la Péninsule, et n'en faire, comme il avait fait de l'Italie et du royaume de Naples, qu'une annexe à son empire. Le prince de la Paix ne voyait dans les desseins futurs de l'empereur que menaces pour lui-même, car sa principauté des Algarves s'évanouissait en fumée, et il ne pourrait éviter les effets du ressentiment de son ennemi, le prince des Asturies, devenu l'allié de l'empereur. Dans ce péril de la monarchie, le favori ne songea qu'à mettre sa personne en sûreté, et à chercher dans un autre hémisphère le pouvoir et les jouissances de la fortune prêtes à lui échapper dans celui-ci. Il conseilla à Charles IV et à sa femme de se réfugier en Amérique avec toute la famille royale, ainsi que venait de le faire la famille royale de Portugal. Qui sait si ce conseil, dicté par l'égoïsme du favori, n'eût pas eu en définitive d'heureux résultats pour les peuples et pour les souverains? L'Espagne n'aurait pas combattu avec moins d'héroïsme pour ses princes exilés qu'elle ne l'a fait pour ses princes captifs; le Mexique, le Pérou et toutes ces vastes provinces de l'Amérique espagnole auraient accueilli avec enthousiasme leur légitime souverain, et jamais elles n'auraient songé à adopter ces formes de gouvernement républicain, si peu compatibles avec les mœurs et les habitudes des habitants de ces contrées. Si une séparation d'avec la mère patrie eût été jugée nécessaire, il y aurait eu des États en nombre suffisant pour apanager tous les membres de la famille royale, avec les titres d'empereurs et de rois; ils auraient prospéré comme a prospéré l'empire du Brésil, fondé dans des circonstances et dans des conditions identiques; et nous n'aurions pas aujourd'hui le spectacle affligeant de ces républiques éphémères, qui changent à chaque instant de nom, de chefs, de constitution, et qui sont en proie depuis un demi-siècle à l'anarchie et aux révolutions. Mais laissons ces conjectures plus ou moins probables, pour rentrer dans la réalité des faits accomplis.

Charles IV n'avait d'autre volonté que celle de son favori; il accueillit avec empressement son projet d'émigration en Amérique, et on songea sans délai à le mettre à exécution. La cour résidait en ce moment à Aranjuez, château royal sur le Tage, à quelques kilomètres de Madrid. On y fit venir une partie des troupes qui étaient en garnison dans la capitale, afin de servir d'escorte à la cour dans son voyage jusqu'à Cadix, où elle devait s'embarquer. Malgré le secret apporté à ces préparatifs, le peuple en fut instruit. Les habitants d'Aranjuez et des environs accoururent en foule au château pour savoir s'il était vrai que leur roi voulût les abandonner. Charles IV les rassura par une proclamation donnée à Aranjuez le 16 mars. On continuait pourtant à charger les malles, et les relais étaient préparés sur la route de Séville. Le bruit circula enfin que le départ aurait lieu dans la nuit du 17 au 18 mars. Le prince des Asturies dit à un garde du corps qu'il rencontra dans la salle des gardes : « C'est cette nuit qu'a lieu le voyage; mais moi je ne veux pas partir. Godoy est un traître, il veut emmener mon père; empêchez-le d'exécuter son projet. » Ces propos coururent bientôt de bouche en bouche, et portèrent au plus haut degré l'exaspération du peuple et des soldats. Il ne fallait qu'une étincelle pour allumer une terrible émeute; on ignore encore qui donna le signal de l'insurrection. La reine en accusa son fils Ferdinand. M. de Torreno prétend qu'un coup de fusil tiré par inadvertance détermina le mouvement. Quoi qu'il en soit, une foule immense, composée de gens du peuple, de domestiques, de soldats, attaqua la demeure du prince de la Paix, aux cris de *vive le roi! meure Godoy!* On força la garde, on se précipita dans l'hôtel, fouillant tous les appartements pour découvrir Godoy. Ce fut inutilement; on ne le trouva pas. On crut qu'il s'était échappé par quelque issue secrète, et le peuple pilla son hôtel, n'y laissant pas un meuble, pas un objet précieux.

Les mêmes scènes se répétèrent à Madrid dès qu'on y eut appris les événements d'Aranjuez. La foule mutinée se précipita vers le palais du prince de la Paix, ainsi que dans les maisons habitées par ses parents et ses amis dévoués. Elle cassa les vitres, jeta les meubles par les fenêtres et les brûla sur les places publiques; le trouble et le pillage durèrent pendant deux jours. Les bustes du favori furent attachés à des gibets, ses portraits jetés dans les égouts; dans plusieurs villes on chanta le *Te Deum,* on fit des feux de joie, et la chute de Godoy fut célébrée comme l'aurait été une victoire glorieuse.

Cependant le prince de la Paix ne s'était pas évadé, comme on l'avait pensé. Au moment où le tumulte avait éclaté, il était sur le point de se coucher. Il s'enveloppa d'un manteau de molleton, remplit ses poches d'or, s'arma d'une paire de pistolets, et prit un petit pain sur la table où il venait de souper. Il essaya d'abord de sortir par une porte de derrière et de gagner une maison voisine, mais cette porte aussi était gardée; alors il monta dans un grenier et se blottit dans le coin le plus obscur, sous un rouleau de tapis de sparterie. Il passa trente-six heures dans cette position affreuse. Enfin, vaincu par la soif, il fut forcé de sortir de sa retraite. On avait laissé son hôtel à la garde de deux compagnies wallonnes. Il fut reconnu par une sentinelle qui donna l'alarme. Le peuple, averti que Godoy venait d'être découvert, se jeta sur lui. Il l'eût massacré sans l'intervention de quelques gardes du corps qui arrivèrent à temps pour l'arracher des mains de la multitude et le conduire à leur caserne, où la populace le poursuivit encore. Le peuple ne s'apaisa qu'après que le prince des Asturies eut promis que Godoy serait livré à la justice.

Dès le premier moment de l'émeute, le roi, pour apaiser la multitude, avait retiré au prince de la Paix les charges de généralissime et de grand amiral, déclarant être dans l'intention de commander lui-même ses armées de terre et de mer. Il avait fait part de cette détermination à l'empereur Napoléon dans une lettre extrêmement obséquieuse. « Persuadé, dit-il, que Sa « Majesté Impériale et Royale verra dans cette com-

« munication une nouvelle preuve de mon attachement « pour sa personne, et de mes désirs constants de main- « tenir les rapports intimes qui m'unissent à Votre « Majesté Impériale et Royale, avec cette fidélité qui « me caractérise, et dont Votre Majesté a les preuves « les plus éclatantes et les plus répétées. » Il se plaint, en terminant, des douleurs rhumatismales qui, en lui interdisant l'usage de la main droite, ne lui permettent pas d'écrire lui-même à Sa Majesté.

Cette lettre était datée du 18 mars. Le lendemain 19, Charles IV signa, en faveur du prince des Asturies, un acte d'abdication motivé sur les infirmités qui l'accablent et qui ne lui permettent pas de supporter plus long-temps le poids du gouvernement de ses États.

Cet acte fut publié le 20, et le prince des Asturies fut proclamé sous le nom de Ferdinand VII. Le premier acte de son autorité fut un édit qui confisquait, au profit de la couronne, tous les biens meubles et immeubles du prince de la Paix.

Mais dès le 21 (d'autres disent le 23; du reste la date est peu importante), Charles IV signa une protestation contre son abdication du 19, déclarant qu'il y avait été forcé pour éviter les plus grands malheurs et empêcher l'effusion du sang de ses sujets; il se hâta d'adresser cette protestation à l'empereur.

En apprenant les événements d'Aranjuez, Murat, qui était en route pour Madrid, s'était hâté d'arriver dans cette capitale. Le 23 mars, il y entra au milieu d'un grand concours de monde que la curiosité avait attiré. La garde impériale ouvrait la marche. Un état-major nombreux et brillant entourait le lieutenant de l'empereur. Venaient derrière lui une division d'infanterie, plusieurs compagnies d'artillerie à cheval et deux régiments de cuirassiers.

Le lendemain 24, Ferdinand fit son entrée à Madrid à cheval. On n'avait rien préparé pour sa réception; l'allégresse publique y suppléa. Plus de deux cent mille personnes se jetèrent au-devant du jeune roi, en faisant retentir l'air de leurs acclamations. La coïncidence de l'arrivée des troupes françaises et des troubles d'Aranjuez faisait croire à une grande partie du peuple que nous avions été cause de cette heureuse révolution, et dans leurs transports de joie, qui tenaient du délire, ils criaient en même temps : *Vive le roi Ferdinand! vive l'empereur Napoléon !*

Cependant Murat, témoin des sentiments d'amour des habitants de Madrid envers leur nouveau souverain, ne prit aucune part à cette démonstration publique. Le jour même de l'entrée du roi, il passait une revue de ses troupes dans la magnifique promenade du Prado : c'était moins pour les voir que pour les montrer. Le général Grouchy fut nommé commandant militaire de Madrid, et les troupes espagnoles concoururent avec les troupes françaises au maintien d'une bonne police. Du reste, on ne s'étonna point de ce que ni Murat ni l'ambassadeur français ne saluèrent l'avénement de Ferdinand VII; cette réserve dans leur conduite était conforme aux usages diplomatiques : ils ne devaient pas le reconnaître comme roi avant d'avoir reçu les instructions de l'empereur. Cette circonstance ne changea donc en rien les bonnes dispositions des Espagnols envers les Français.

C'est au moment où ces événements venaient de s'accomplir que j'arrivai à Madrid, ainsi que je l'ai dit au commencement du chapitre précédent. On comprend bien que je n'appris pas immédiatement tous les détails que je viens de rapporter; la plupart étaient ignorés ou mal connus des Français et des Espagnols eux-mêmes;

et ce n'est que longtemps après, quand les documents officiels, patents ou secrets, les mémoires et les correspondances des divers personnages qui ont joué un rôle dans cette affaire, eurent été publiés, que la vérité a été complétement connue. A mon arrivée dans la capitale, l'effervescence n'était pas encore calmée; seulement elle n'éclatait plus qu'en transports de joie pour célébrer l'avénement de Ferdinand et la bienvenue des Français, qu'on s'obstinait toujours à croire arrivés tout exprès pour préparer et soutenir ce grand événement. J'ai entendu mille fois retentir à mes oreilles ces cris, qui redoublaient quand on apercevait nos uniformes : *Viva Fernando! viva Napoleon! viva Francia y Espana!* Qui m'eût dit alors que ces cris d'allégresse ne tarderaient pas à se changer en cris de douleur et en imprécations contre les Français et leur empereur! Mais pour le moment, loin d'être tourmenté de ces tristes pressentiments, je ne songeais qu'à mettre à profit mon séjour dans la capitale, pour en visiter les curiosités et les principaux monuments.

J'étais logé chez don Domingo Alonzo, libraire attaché à la direction de la bibliothèque du roi. Grâce à la complaisance de mon hôte, j'eus bientôt vu tout ce que Madrid offre de plus intéressant. Comparée à la plupart des autres villes de l'Espagne, Madrid est toute récente; aussi l'antiquaire y chercherait en vain ces richesses archéologiques qui abondent à Séville, à Cordoue, à Grenade, à Tolède, etc.; mais si sous ce rapport la capitale de l'Espagne est inférieure aux cités que nous venons de nommer, elle l'emporte incontestablement sur elles par la beauté, la largeur, la propreté de ses principales rues et places. Je citerai entre autres les rues de *Tolède*, d'*Atocha*, *del Prado*, de *San-Jeronimo*, toutes longues, larges et parfaitement alignées. Celle d'*Alcala* l'emporte sur toutes; elle aboutit d'un côté à la porte du même nom, magnifique arc de triomphe qui forme une des entrées de la belle promenade du *Prado*, et de l'autre à la *Puerta del Sol*, dont j'ai parlé; sa largeur est telle, que dix voitures peuvent la parcourir de front.

Je visitai une partie du palais du roi, qui est sans contredit une des plus belles demeures royales de l'Europe. L'intérieur est décoré de tableaux précieux. Je remarquai dans le salon dit des Royaumes douze glaces coulées à Saint-Ildephonse, que mon *cicerone* m'assura être les plus grandes qui existent; par politesse je ne voulus pas le contredire, mais je me rappelais d'en avoir vu de plus grandes à Versailles. En sortant du palais, nous visitâmes l'arsenal, qui en est peu éloigné. Cet établissement est riche en anciennes armures; on m'y fit voir entre autres celles de la reine Isabelle et du roi Ferdinand, son mari. Mais une cérémonie dont je fus témoin pendant cette visite à l'arsenal, attira bientôt toute mon attention et me fit oublier toutes les autres curiosités renfermées dans cet édifice. Don Carlos Montargis, conservateur en chef de l'*Armeria real*, accompagné du marquis d'Astorga, grand écuyer du roi, du duc del Parque, capitaine des gardes du corps, et d'un détachement de la maison militaire du roi, vint en grande cérémonie chercher l'épée de François Ier, rendue par ce prince à la bataille de Pavie, et déposée, depuis cette époque, parmi les trophées conservés à l'arsenal royal de Madrid. C'était une galanterie que Ferdinand VII désirait faire à Napoléon. Ayant entendu dire que l'empereur désirait posséder cette épée, il s'empressa d'ordonnér au conservateur de la retirer de l'arsenal, et de la porter sur un plateau d'argent, avec un appareil solennel, au grand-duc de Berg, en le priant de la faire tenir à Napoléon. Murat, entouré de son état-major, reçut cette épée avec beaucoup de solennité. Il remercia le conservateur dans un discours où il ne parla que de François Ier et de Napoléon, et ne dit pas un mot de Ferdinand VII. Cette omission fut remarquée, et donna lieu déjà à quelques commentaires.

Don Alonzo ne manqua pas, comme on le pense bien, de me faire visiter la bibliothèque royale. C'est sans contredit une des plus riches de l'Europe, quoiqu'elle ne puisse être comparée à notre bibliothèque impériale. Elle renferme cent cinquante mille volumes, des manuscrits très-précieux, et un bel assortiment de médailles et d'objets d'antiquité.

Les églises de Madrid, quoique fort belles, ne présentent point en général le luxe de peinture et d'architecture qui les distingue dans une grande partie de l'Espagne. Je profitai des cérémonies de la semaine sainte pour les visiter, et je n'eus pas besoin de guide pour le faire; quoique je ne connusse encore la ville que bien imparfaitement, je n'eus qu'à suivre la foule qui formait comme une procession d'une église à l'autre. Seulement, comme toutes les églises de Madrid se ressemblent beaucoup entre elles, à peu d'exceptions près, il m'est arrivé plusieurs fois de croire rentrer dans une église que je venais de quitter, ou de revenir dans celle que j'avais déjà vue, sans en faire la remarque sur-le-champ.

Les cérémonies de la semaine sainte avaient fait complétement oublier les préoccupations de la politique. Aux clameurs bruyantes de l'émeute, aux cris de joie du triomphe avait succédé un calme profond, un silence religieux. Les carillons joyeux se taisaient, les cloches nombreuses de plus de cent églises, presque toujours en mouvement, et produisant parfois un vacarme assourdissant, étaient ce jour-là immobiles : c'était le jeudi saint. La garde montante des Espagnols, en allant relever ses postes, portait les armes renversées. Les fidèles se rendaient en foule dans le lieu saint, les hommes enveloppés dans leurs manteaux bruns, les femmes *con saya y mantilla;* presque toutes avaient le chapelet à la main, et marchaient avec beaucoup de décence et de recueillement.

Toutes les églises que j'ai visitées ce jour-là étaient pleines : dans l'une on prêchait, dans l'autre on chantait l'office, et dans toutes on entendait le bourdonnement continuel des personnes qui entraient ou qui sortaient. Dans les églises de plusieurs couvents, je vis exposée une statue coloriée de grandeur naturelle, représentant l'*Ecce homo* avec une effrayante vérité. Les fidèles s'empressaient de faire toucher leurs chapelets à ces statues, en les remettant à un moine chargé de cette fonction.

Le signe de croix des Espagnols se compose de plusieurs petits signes de croix particuliers : un sur le front, pour se préserver des pensées coupables ; un autre sur la bouche, afin qu'il n'en sorte pas de mauvaises paroles ; un troisième sur la poitrine ; puis à chaque épaule, et enfin un très-petit, en se baisant le pouce avec lequel ils ont fait tous les autres. Tous ces signes de croix sont renouvelés en entrant dans une église et en en sortant, ainsi qu'au commencement et à la fin des prières.

Madrid possède trois magnifiques promenades : les jardins du *Retiro,* les *Delicias* et le *Prado.* Celle-ci est la plus belle et la plus fréquentée ; le roi Ferdinand y venait tous les soirs, et j'ai été témoin des ovations qu'il recevait d'un peuple, qui l'idolâtrait et qui fondait sur lui toutes ses espérances.

Les équipages abondent au *Prado* : les voitures espagnoles sont lourdes, matérielles, antiques et de mauvais goût; elle sont traînées par des mules, quelques-unes par des chevaux noirs dont la crinière est tressée avec des cordons blancs. Une troupe de laquais figure derrière ces voitures : un de ces serviteurs se distingue des autres par son riche accoutrement; il est tellement chargé de galons, de franges et de plumets, qu'on le prendrait aisément pour le suisse d'une cathédrale, d'autant plus qu'il en porte le large baudrier et la longue rapière. Ces modes, ces costumes ont sans doute changé aujourd'hui; car il ne faut pas oublier que mes souvenirs datent de 1808, et qu'outre un demi-siècle, bien des révolutions ont passé sur l'Espagne depuis cette époque.

Le *Buen-Retiro*, dont j'ai déjà parlé, est un autre palais du roi, situé sur une éminence, à une extrémité de Madrid opposée à celle où se trouve le palais qui sert de résidence ordinaire au souverain. Le *Buen-Retiro* est un édifice très-ordinaire; il forme un carré régulier, flanqué d'une tourelle à chacun de ses quatre angles; il domine la ville et s'ouvre sur la promenade du *Prado;* il est entouré de jardins charmants, tandis que l'autre palais n'en a point. Dans un de ces jardins on admire une statue équestre de Philippe II : le cheval est représenté galopant; tout ce travail est très-beau. Après l'affaire du 2 mai, dont je parlerai bientôt, le grand-duc de Berg fit fortifier le *Retiro*.

Non loin de là se trouve le jardin des Plantes, qui contribue encore à l'embellissement du *Prado*. Ce jardin est entouré d'une grille de fer, et les promeneurs peuvent en admirer les beautés, lors même qu'ils ne sont point admis dans l'intérieur. Godoy avait enrichi cet établissement d'une infinité de plantes exotiques et rares qu'il voulait acclimater en Espagne; de semblables jardins avaient été créés par lui à Séville, à San-Lucar de Barrameda et dans d'autres villes. Au moment de la chute du favori, les jardins fondés par lui en Andalousie furent dévastés, malgré l'utilité reconnue de ces établissements; les serres furent démolies, les vitrages brisés, les plantes les plus précieuses arrachées. On respecta toutefois celui de Madrid, parce que c'était une ancienne fondation des rois.

Avant de quitter Madrid, je dirai quelques mots d'une institution fort utile qui manque à Paris et dans presque toutes les villes de France (1), où cependant on se pique d'être plus *avancé* qu'en Espagne. Je veux parler des *serenos*, qui remplissent à Madrid les mêmes fonctions que les watchmen en Angleterre et en Allemagne, et qui sont chargés comme eux de veiller à la sûreté publique. Vers dix ou onze heures du soir, le sereno s'arme de ses pistolets, prend sa hallebarde, à laquelle il attache une lanterne allumée; enveloppé d'un manteau brun, la tête couverte de la *montera* ou d'un large chapeau, il parcourt lentement les rues du quartier qui lui est assigné, criant à chaque demi-heure et d'un ton lamentable l'heure qu'il est, le temps qu'il fait, et s'il découvre quelque chose de nouveau. Il avertit les propriétaires ou les locataires des maisons dont on laisse les portes ouvertes. Les serenos veillent sur les incendies, donnent de la lumière à ceux qui en demandent, conduisent et éclairent les étrangers qui se sont égarés, vont réveiller les personnes qui doivent partir à une heure marquée de la nuit. Si l'on a besoin des secours de la religion ou de la médecine, et qu'on n'ait pas de domestiques à envoyer, on appelle le sereno, qui va cher-

(1) Depuis la fin de l'année 1854, on a établi à Paris de nouveaux gardes, qui veillent jour et nuit dans chaque quartier et remplissent les fonctions des watchmen et des serenos.

cher le confesseur, le médecin, le chirurgien, la sage-femme, et même le notaire, si le malade veut faire son testament. Le sereno reçoit pour tout appointement une rétribution volontaire que les gens de son quartier lui donnent chaque semaine, indépendamment des gratifications qu'il reçoit en certains cas. Depuis leur établissement, on a porté de prompts secours à des incendies dont les résultats auraient pu devenir funestes, et l'on a constaté que le nombre des vols et des assassinats nocturnes, autrefois si fréquents, a considérablement diminué. Le nom de sereno leur a été donné parce que ce mot est leur cri le plus ordinaire quand ils annoncent l'état de l'atmosphère, le ciel de l'Espagne étant presque toujours serein. Quand un sereno a besoin d'aide pour empêcher un vol ou arrêter un malfaiteur, il avertit ses camarades au moyen d'un coup de sifflet; ceux qui l'entendent accourent aussitôt pour lui prêter main-forte. Les serenos ont été établis d'abord à Valence en 1777, puis à Madrid. Je n'en ai vu que dans cette ville; mais je sais qu'il en existe aussi à Barcelone.

Pendant que je me promenais dans Madrid, ma division avait quitté l'Escurial et s'était rendue à Aranjuez, où je dus la rejoindre le 18 avril, lendemain de Pâques.

CHAPITRE IV

Description d'Aranjuez. — Les jardins, la *Casa del Labrador*. — Tolède. — Son antiquité, ses monuments. — La *Cueva de Hercules*. — Événements de Madrid. — Ferdinand VII va au-devant de l'empereur. — On tente de le détourner de ce projet. — Il y persiste. — Événements de Bayonne. — Ferdinand rend la couronne à son père, qui abdique en faveur de Napoléon. — Mise en liberté du prince de la Paix. — Agitation sourde à Madrid et dans une partie de l'Espagne. — Insurrection du 2 mai. — Répression terrible. — Présomption de Murat. — Effets produits en Espagne par les événements du 2 mai. — Soulèvement général.

Aranjuez est une petite ville située sur la rive gauche du Tage. Cette résidence royale est bien plus agréable que l'Escurial ; l'art plutôt que la nature en a fait un séjour enchanteur. Des allées d'arbres touffus, plantés sur toutes les routes, offrent aux voyageurs un ombrage impénétrable aux rayons du soleil. Des jardins délicieux donnent sans cesse les fruits de l'automne et les fleurs du printemps ; les bosquets d'orangers sont habités par des milliers d'oiseaux qui charment l'oreille et les yeux par la douceur de leur chant et le brillant éclat de leur plumage. Des poissons de toutes les couleurs se jouent dans les ruisseaux argentés qui serpentent dans la prairie. Le daim, le chevreuil se plaisent au milieu d'un parc immense, dont les barrières sont trop éloignées pour les arrêter dans leur course vagabonde. Ces hôtes paisibles jouissent de toutes les douceurs de la liberté, et ne redoutent point les attaques des animaux féroces, ni le plomb meurtrier du chasseur. Soumis à la volonté de l'homme, le Tage embellit et fertilise cette heureuse contrée; son onde prisonnière s'échappe par une infinité de canaux, s'élance dans les airs, se précipite en cascades, ou coule tranquillement au milieu des fleurs qui parent son rivage. Ce fleuve majestueux a toute l'impétuosité du torrent dans les lieux où les rochers opposent un obstacle à ses flots. Après de longs détours, il s'éloigne en grondant, « comme s'il quittait à regret, selon l'expression de Fénelon, ces bords enchantés, » pour diriger son cours vers la plaine de Tolède.

A travers les branches des peupliers et des acacias qui croissent dans ce parc, on aperçoit une espèce d'habitation rustique au milieu d'un jardin de fleurs; son humble toit s'élève à peine à la hauteur des arbres : c'est la *Casa del Labrador,* la maison du laboureur. Cet édifice n'offre à l'extérieur qu'une élégante simplicité; mais dans l'intérieur il renferme ce qu'on peut voir de plus riche et du goût le plus exquis. Tout est petit dans ce palais en miniature; mais tout y est charmant, et les artistes les plus renommés de France, d'Italie et d'Espagne ont travaillé à son embellissement. C'est à la *Casa del Labrador* que la famille royale se réunissait quelquefois pour déjeuner en famille. La vue de cette habitation champêtre et royale me rappelait le petit Trianon, où l'infortunée Marie-Antoinette se plaisait aussi à réunir sa famille et quelques amis, pour jouir, loin de la contrainte imposée par l'étiquette, des plaisirs de la vie champêtre, autant toutefois qu'il est possible de les trouver dans une ferme de fantaisie, et dans ces imitations splendides de la nature comme la Casa del Labrador et le petit Trianon.

J'éprouvais un charme indicible à me promener chaque jour dans ces bosquets délicieux; j'aurais voulu passer ma vie dans cet agréable séjour; mais j'appartenais au deuxième corps d'observation de la Gironde, et nous reçûmes l'ordre de partir pour Tolède. Nous nous mîmes en route le 26 avril, et le lendemain de bonne heure nous faisions notre entrée dans cette antique cité.

Tolède est une ville fort ancienne; les historiens espagnols font remonter sa fondation à l'an 540 avant J.-C. Cette date peut être contestée; mais ce qui ne l'est pas, c'est que cette ville était déjà considérable du temps des Romains, qui lui donnaient le nom de *Toletum*. Aussi estelle beaucoup plus riche que Madrid en monuments anciens et en vieux souvenirs. L'aspect de Tolède quand on y arrive par le beau pont mauresque élevé sur le Tage, et sa porte élégante, bâtie par les Arabes, est réellement magnifique; mais l'intérieur est loin de répondre à ce que semblait promettre la vue du dehors: l'aspect en est triste et fort laid; les rues sont étroites et tortueuses comme elles l'étaient partout au moyen âge, comme elles le sont encore dans la plupart des villes arabes. Les rois goths en firent leur capitale. Les Arabes la prirent en 714, et la gardèrent pendant plus de trois cents ans. Alphonse VI la conquit sur les Maures en 1085, et en fit la capitale du royaume de Castille; elle le devint même de toute l'Espagne sous Charles-Quint; mais Philippe II lui ôta ce titre pour le donner à Madrid. Dès lors cette ville a considérablement déchu de son antique renommée. Sa population, qui s'éleva, dit-on, sous les rois maures, à deux cent mille âmes, atteint à peine aujourd'hui le chiffre de quinze mille. Mais il reste encore de beaux monuments de son ancienne splendeur, que je m'empressai de visiter dès le premier jour de mon arrivée.

La cathédrale de Tolède est très-vaste et fort belle; cependant elle ne prend rang qu'après les cathédrales de Cordoue, de Séville et de Burgos. Le trésor renferme une infinité d'objets précieux et d'une immense richesse. L'archevêque de Tolède porte le titre de primat d'Espagne; c'est le prélat le plus richement doté de la Péninsule. L'Alcazar, bâti par les Arabes, était le palais des rois maures de Tolède (1); il a été réparé par Alphonse X, et embelli par Charles-Quint et par le cardinal Laurenzana. C'était la première fois, depuis mon entrée en Espagne, que je voyais des restes de la domination des Maures dans ce pays, qu'ils ont occupé pendant plus de sept cents ans. J'aimais à étudier de vieux monuments qui me rappelaient cette architecture arabe que j'avais autrefois admirée en Égypte; puis à côté de ces souvenirs se plaçaient ceux des héros castillans dont les exploits héroïques avaient affranchi leur patrie de la domination étrangère. J'aimais à lire dans leur langue les romanceros et les ballades de ces temps héroïques, et à me faire raconter les légendes de la *cueva de Hercules* (la caverne d'Hercule), dont on me fit voir l'entrée dans les souterrains de l'église San-Ginez de Tolède. S'il faut en croire les récits populaires, cette caverne se prolonge jusqu'à trois lieues de Tolède, sur la route de Madrid; mais la porte est murée du côté de l'église. Rien de plus extraordinaire, de plus prodigieux que tout ce que j'ai entendu raconter de cette fameuse caverne, et je pense que l'immortel Cervantès avait eu connaissance de ces légendes quand il a décrit la grotte de Montesinos, où le valeureux chevalier des Lions vit tant de choses merveilleuses.

Depuis quatre mois que j'étais en Espagne, je n'avais fait qu'y voyager en quelque sorte en amateur, visitant les monuments et les curiosités de ce pays, en étudiant les mœurs, les usages, la langue. Notre marche à tra-

(1) Le royaume de Tolède, fondé après le démembrement du califat de Cordoue n'a duré que de 1031 à 1085, et a compté quatre souverains.

vers la Biscaye et les deux Castilles n'avait été qu'une longue promenade militaire, et rien ne nous faisait supposer qu'elle dût changer de caractère. Mais, tandis que j'étais le plus occupé de mes recherches archéologiques, que je recueillais avec le plus de soin les vieilles chroniques et les anciens souvenirs populaires, un événement terrible, imprévu comme un coup de tonnerre éclatant au milieu d'un ciel sans nuages, vint m'arracher à ce doux repos et à ces illusions qui me faisaient vivre dans le passé, pour me forcer à m'occuper du présent et de l'avenir menaçant qu'il nous présageait. Une révolte terrible venait d'éclater à Madrid; elle avait été comprimée, il est vrai, mais le sang avait coulé; l'union qui avait régné jusque-là entre les Français et les Espagnols était violemment brisée, et une haine implacable, acharnée, allait remplacer la confiance et l'amitié qui avaient jusque-là régné entre les deux peuples. Voici en résumé ce qui s'était passé.

Ferdinand VII avait, dès les premiers jours de son avénement, écrit à l'empereur pour lui en faire part, et pour lui témoigner de nouveau le désir qu'il avait d'épouser une princesse de sang impérial. Cette lettre était restée sans réponse. Cependant ce silence pouvait jusqu'à un certain point s'expliquer: on annonçait que l'empereur était en route pour Madrid; il était même arrivé plusieurs voitures chargées de meubles de la couronne et d'effets à son usage personnel. Ses relais et sa garde l'attendaient à toutes les stations des postes. Ferdinand envoya donc à sa rencontre trois grands d'Espagne pour le complimenter. Ensuite il fit partir son propre frère. Ce fut le 5 avril que don Carlos sortit de Madrid. Il ne pouvait, disait-on, manquer de rencontrer l'empereur avant la fin de la seconde journée; cependant il alla jusqu'à la frontière, où Napoléon n'était pas encore arrivé. Ces retards causaient à Ferdinand beaucoup d'impatience, et en même temps une vive inquiétude. Il n'ignorait pas qu'une correspondance fort active existait entre le grand-duc de Berg et ses parents. Charles IV et Marie-Louise écrivaient chaque jour pour réclamer la mise en liberté du prince de la Paix, ainsi que pour se plaindre de la conduite de leur fils et de ses conseillers.

Ferdinand craignait que cette correspondance ne fît naître des préventions contre lui dans l'esprit de l'empereur. Il prit donc le parti d'aller à la rencontre de Napoléon, afin de dissiper par ses prévenances les impressions peu favorables que ce souverain aurait pu concevoir. Il fut affermi dans ce dessein par l'arrivée du général Savary, qui était, disait-il, envoyé par l'empereur pour demander si Ferdinand conserverait envers la France les mêmes sentiments que son père. Il ajoutait que dans ce cas l'empereur ne se mêlerait en rien des affaires intérieures du royaume, et qu'il n'hésiterait pas à le reconnaître à l'instant comme roi d'Espagne. De plus il lui faisait comprendre que l'empereur serait content de le voir venir à sa rencontre. Des personnes dévouées à Ferdinand lui représentèrent en vain que le voyage auquel on voulait l'entraîner cachait un piége. Il ne tint nul compte des avis qu'on lui donnait. Enfin le nouveau roi n'ignorait pas que Charles IV était décidé à aller au-devant de l'empereur, qu'une partie de ses domestiques étaient déjà en route, et que les relais étaient commandés pour le voyage. Il ne voulut pas se laisser devancer; et le 8 avril, par le conseil d'O'-Farill, l'un de ses ministres, il écrivit à son père: « Il « me semble juste que Votre Majesté me donne pour « l'empereur une lettre où vous le féliciterez de son « arrivée, et dans laquelle vous lui témoignerez que

« j'ai pour lui les mêmes sentiments que Votre Majesté « lui a montrés. »

Charles IV ne signa pas l'attestation qui lui était demandée par son fils, et le lendemain 9 avril la reine Marie-Louise écrivait à Murat : « Nous ne donnerons « pas la lettre qu'on nous demande, à moins qu'on ne « nous y force, comme à l'abdication contre laquelle « le roi fit la protestation qu'il envoya à Votre Altesse « Impériale. » Ce refus n'arrêta en aucune manière le départ de Ferdinand. Ce prince, après avoir nommé une junte de gouvernement, composée de son oncle Antonio et des ministres, à l'exception de Cevallos, qui devait l'accompagner dans son voyage, sortit de Madrid le 10 avril. Avec lui partirent Cevallos, Escoiquiz, le duc de l'Infantado, le duc de San-Carlos, le marquis de Musquiz et don Pedro Labrador. Arrivé à Burgos, il n'y trouva pas l'empereur, comme il s'en était flatté. Il continua son voyage jusqu'à Vittoria. Dans cette ville il s'arrêta pour délibérer. Il écrivit à Napoléon pour se plaindre de ce que ses lettres précédentes étaient restées sans réponse, et de ce que Murat avait refusé de le traiter en roi. Ce jour même, 14 avril, on apprit que l'empereur venait d'arriver à Bayonne. Le général Savary alla lui porter la lettre de Ferdinand, et quatre jours plus tard, le 18, il revint avec la réponse de l'empereur. Cet écrit, très-froid, et dans lequel Napoléon blâme sévèrement l'insurrection d'Aranjuez, aurait dû dessiller les yeux de toute personne moins aveugle que Ferdinand et ses conseillers. — L'empereur y déclarait qu'avant de reconnaître Ferdinand pour roi, il voulait savoir jusqu'à quel point l'abdication de Charles IV avait été libre et spontanée. — En entreprenant son voyage, Ferdinand avait pour but de prévenir l'empereur en sa faveur. Il trouvait ce souverain disposé à s'ériger en juge; il le savait en mesure de faire exécuter sa sentence; il devait donc naturellement s'empresser de courir au-devant de lui pour se le rendre favorable. La lettre sévère de l'empereur, au lieu de le repousser, l'entraîna d'une manière irrésistible jusqu'à Bayonne. Il rejeta tous les avis qui lui furent donnés. Le duc de Mahon, qui était alors capitaine général du Guipuscoa, s'efforça vainement de le détourner de son périlleux voyage. Il offrit de le faire évader et de le conduire dans la capitale de l'Aragon : Ferdinand, poussé par Escoiquiz, ne voulut rien écouter. Il écrivit le même jour (18) à Napoléon qu'il avait résolu de se mettre en route le 19 pour Irun, afin d'arriver le 20 au château Marac, où se trouvait l'empereur. Lorsqu'il fut question de partir, le peuple s'ameuta devant l'hôtel où logeait le roi; il supplia ce prince de se rendre aux justes craintes qu'on lui exprimait; mais tout fut inutile. Il s'abandonna à sa destinée avec un inconcevable aveuglement, et lorsqu'il approcha de Bayonne, son arrivée surprit tellement l'empereur, que ce souverain ne put s'empêcher de s'écrier : *Comment!... il vient!... Mais non, ce n'est pas possible!*

Aussitôt après son arrivée à Bayonne, Ferdinand fut sommé de remettre la couronne d'Espagne et des Indes en échange du petit royaume d'Étrurie que l'empereur lui fit offrir. Le jeune roi repoussa d'abord cette proposition déshonorante, et persista énergiquement dans son refus pendant plusieurs jours; mais bientôt arrivèrent aussi à Bayonne Charles IV et la reine Marie-Louise, précédés de Godoy, que Murat avait arraché à sa prison. — On sait le reste : par les conseils de l'infâme favori, et sous l'influence des passions haineuses de la reine, Charles IV se fit l'instrument de la politique de l'ennemi de sa maison. Le vieux roi força son fils à lui rétrocéder la couronne qu'il avait abdiquée en sa faveur, puis il la céda à l'empereur Napoléon par un traité en date du 5 mai. Quelques jours après, le 10 mai, Ferdinand renonça, par un nouveau traité, à tous ses droits à la couronne des Espagnes et des Indes. — Le même jour, les vieux souverains se mirent en route pour Compiègne ; le lendemain, Ferdinand et ses frères partirent pour Valençay, où ils devaient résider.

J'ai conduit dans ce sommaire, et afin de ne pas l'interrompre, le récit des événements jusqu'au dénoûment du drame accompli à Bayonne. Les intrigues de toute cette affaire étaient longtemps restées secrètes, et quand Ferdinand quitta Madrid, personne, ni parmi les Espagnols, ni parmi les Français, ne soupçonnait ce qui allait arriver. Cependant un premier acte de Murat, qui suivit le départ du roi, commença à exciter la défiance : ce fut la mise en liberté de Godoy, que le grand-duc de Berg exigea impérieusement de la junte gouvernementale instituée par Ferdinand, menaçant au besoin d'employer la force pour le tirer de la prison de Villa-Viciosa, où il était étroitement gardé ; puis il l'avait envoyé en France sous bonne escorte. Enfin Murat avait hautement déclaré que l'empereur ne reconnaissait en Espagne d'autre roi que Charles IV, et il avait fait voir à la junte la copie de la protestation que le vieux roi lui avait envoyée pour la transmettre à Napoléon. Ces propos de Murat et l'élargissement du prince de la Paix commençaient à causer une fermentation sourde, dont nous autres Français nous ne nous apercevions pas encore, mais qui avait déjà fait explosion à Tolède même quelques jours avant notre arrivée. En effet, le 21 avril, le peuple de la ville s'était rassemblé en foule sur la place principale appelée le *Zocodover,* en criant : *Vive Ferdinand VII!* Puis le rassemblement s'était porté sur les maisons du corrégidor et de deux riches propriétaires qui n'avaient d'autre titre à la haine publique que de passer pour attachés au gouvernement de Charles IV, et l'on en avait brûlé les meubles. Le désordre s'était prolongé pendant vingt-quatre heures, sans effusion de sang. L'archevêque, le chapitre et les religieux étaient parvenus à calmer l'irritation populaire, et quand nous y arrivâmes quelques jours après, nous ne remarquâmes aucun signe particulier de malveillance à notre égard ; de sorte que nous regardions le tumulte qui avait eu lieu comme une suite de la haine portée à Godoy et à ses partisans. D'un autre côté, comme nous occupions la ville avec une force imposante, c'en était assez pour empêcher toute espèce de désordre, quelle qu'en fût la cause.

A Madrid, au contraire, l'agitation était loin de se calmer; elle augmenta quand on connut la protestation de Charles IV contre l'abdication d'Aranjuez, et le mécontentement fut porté à son comble quand on apprit par un émissaire de confiance envoyé de Bayonne par Ferdinand, la contrainte exercée contre ce prince, et les indignes propositions qui lui étaient faites. De ce moment l'irritation contre les Français se manifesta par des menaces, des insultes et des rixes isolées qui se terminaient par du sang répandu. Le chef de l'armée française, Murat, surtout, était exécré des Espagnols, parce qu'ils le regardaient comme l'ami, le protecteur, le sauveur de Godoy. Il était facile de prévoir qu'une insurrection pouvait éclater d'un moment à l'autre, et qu'il ne fallait qu'une étincelle pour occasionner une explosion. C'est, en effet, ce qui arriva.

Le roi Charles IV envoya de Bayonne à Madrid l'ordre à la reine d'Étrurie et à l'infant don Francisco de Paula de se rendre immédiatement à Bayonne. Murat ayant communiqué cette dépêche à la junte, celle-ci répondit que la reine était libre de partir quand elle voudrait, mais que l'infant, n'ayant que treize ans, ne pouvait pas se mettre en route sans l'autorisation du roi Ferdinand. Le grand-duc répondit à la junte qu'il prenait tout sous sa responsabilité, et qu'il saurait au besoin vaincre l'opposition si l'on essayait d'en mettre à sa volonté.

Le 2 mai, jour fixé pour le départ de la reine d'Étrurie et de son frère, l'infant don Francisco, une foule nombreuse, composée d'hommes et surtout de femmes du peuple, stationnait sur la place située devant le palais. A neuf heures la reine partit, emmenant avec elle ses deux enfants; on ne fit aucune démonstration pour empêcher ce départ, cette princesse étant considérée comme une étrangère. Il restait encore deux voitures, destinées, disait-on, aux infants don Antonio, oncle du roi, et don Francisco de Paula, son plus jeune frère; ainsi dans quelques instants la capitale allait être veuve de la famille entière de ses rois. Des personnes attachées au service du palais firent courir le bruit que l'infant don Francisco pleurait et ne voulait point partir. A ce récit les femmes fondirent en larmes, les hommes firent entendre de sourdes imprécations. Sur ces entrefaites, M. Auguste Lagrange, aide de camp de Murat, se rendait au palais pour connaître la cause du tumulte. Le peuple crut qu'il venait pour enlever l'infant. Le tumulte commença : on se jeta sur M. Lagrange, que sa pelisse blanche et son pantalon cramoisi avaient fait reconnaître pour appartenir à l'état-major du grand-duc de Berg; on l'eût massacré sans l'intervention d'un officier espagnol et d'une patrouille française, qui eurent beaucoup de peine à l'arracher à la fureur du peuple. L'alarme se répandit aussitôt dans toute la ville, et une demi-heure ne s'était pas écoulée qu'on tirait des coups de fusil dans toutes les rues. Les Français isolés, ceux qui rejoignaient leurs corps furent partout attaqués, et un grand nombre furent assassinés. Le peuple s'acharnait surtout contre les mamelucks de la garde; leur costume lui rappelait celui des Maures, qui n'a cessé de lui inspirer une horreur profonde, et il s'estimait heureux de frapper du même coup un Français et un musulman. On n'évalue pas à moins de cinq cents le nombre des soldats qui périrent dans cette fatale journée.

Mais la scène changea bientôt. Les Français prirent les armes, et leurs rapides manœuvres leur eurent bientôt rendu l'avantage. Des détachements d'infanterie enfoncèrent les portes des maisons d'où partaient des coups de fusil, et exercèrent de terribles représailles contre les agresseurs. Le chef d'escadron Daumesnil, à la tête de la cavalerie de la garde, chargea la foule et la dissipa. Les lanciers polonais jetèrent alors dans l'âme des Espagnols les premières impressions d'une terreur qui devait s'augmenter à mesure qu'on les connaîtrait davantage. Une batterie d'artillerie placée à l'entrée de la belle rue d'Alcala fit un ravage d'autant plus affreux, que, par sa largeur et son alignement, cette rue offre plus de déploiement au feu de l'artillerie.

La garnison espagnole était restée enfermée dans ses quartiers, où elle était consignée par la junte, attendant qu'on lui donnât des ordres pour agir. Il y avait au parc d'artillerie, situé près de la porte de Foncarral, dix mille fusils encaissés et vingt-six pièces de canon montées sur affûts. Le peuple voulut s'en emparer. Les canonniers qui gardaient le parc s'y opposèrent d'abord; mais entendant dire que leurs camarades de l'infanterie étaient attaqués dans les casernes, et voyant arriver à eux une colonne française qui marchait au pas de charge, ils se joignirent aux insurgés. Commandés par deux braves officiers de leurs corps, don Luiz Daoïz et don Pedro Velarde, et aidés par leurs compatriotes qui s'attelèrent eux-mêmes aux canons, ils mirent trois pièces en batterie et commencèrent à tirer à mitraille. La colonne française, commandée par le général de brigade Lefranc, ne donna aux Espagnols que le temps de faire quelques décharges de leurs bouches à feu. Les Français enlevèrent le parc à la baïonnette et reprirent les fusils, dont les insurgés commençaient à briser les caisses. Ce fut là l'épisode le plus sanglant du 2 mai. Daoïz et Velarde y périrent; l'histoire conserva leurs noms comme ceux des premiers martyrs morts pour l'indépendance de leur pays.

Aranza et O'Farill, membres de la junte, essayèrent inutilement de rétablir le calme en parcourant les environs du palais; mais leur autorité n'était pas reconnue par les officiers français, et la lutte continuait. Ils allèrent trouver Murat, qui était sorti de Madrid, et qui, à la tête d'une partie de ses troupes, avait pris position sur la côte Saint-Vincent, qui domine la ville. Ils promirent au général de rétablir la tranquillité, s'il voulait faire cesser le feu et envoyer avec eux quelques-uns de ses généraux. Le grand-duc y consentit, et désigna le général Harispe pour cette mission de paix. Ils se rendirent aussitôt ensemble au conseil de Castille, afin que les magistrats qui le composaient les aidassent à calmer l'agitation. Ceux-ci, auxquels se réunirent bientôt les membres des autres conseils, se répandirent dans la ville, et, aidés de quelques officiers français, ils parvinrent à faire cesser le combat. Une grande partie des personnes qui avaient été arrêtées furent relâchées par leur intercession. Cependant un certain nombre restèrent prisonniers. Dans la soirée du même jour ils comparurent devant une commission militaire, qui les condamna à mort, presque sans formalités de justice, comme chefs ou complices de révolte, et on les fusilla au Prado. On mit tant de précipitation dans l'exécution de cette sentence, qu'on ne leur laissa pas le temps de recevoir l'assistance d'un ministre de la religion, et cette circonstance ulcéra encore davantage un peuple religieux. Des calamités infinies sont sorties de là ; jamais les Espagnols ne pardonnèrent aux Français des exécutions si promptes et si inattendues, et le nom de Murat est resté parmi eux chargé d'exécration. Pour lui, qui ne connaissait nullement le peuple qu'il venait de blesser si cruellement, il s'écriait le lendemain, dans un accès de confiance présomptueuse : « La journée d'hier donne l'Espagne à l'empereur. — Dites plutôt, répondit le ministre de la guerre O'Farill, qu'elle la lui enlève pour toujours. » Ce qui avait inspiré cette confiance à Murat, c'était l'espèce de stupeur dans laquelle le canon du 2 mai et la fusillade du Prado avaient au premier moment jeté les habitants de Madrid. Ceux qui exerçaient quelque influence dans la ville n'avaient pensé qu'à implorer merci, et le grand-duc croyait que cette soumission serait imitée dans toutes les provinces de la Péninsule. Il ne tarda pas à être détrompé.

La nouvelle des événements du 2 mai se répandit jusqu'aux extrémités de l'Espagne avec une incroyable rapidité. Les relations des officiers français exagéraient le massacre, afin de rendre la terreur plus grande. Les Espagnols exagéraient aussi, parce que l'exagération est dans leur caractère, et aussi parce qu'ils voulaient allumer une plus grande soif de vengeance. Les populations qu'avait momentanément attirées à Madrid l'acclamation du roi Ferdinand, et que l'incertitude y avait retenues, rentrèrent en hâte dans leurs foyers. Elles avaient entendu les fusillades du Prado. Au récit de ce qu'elles avaient vu elles mêlèrent ce qu'elles avaient entendu sur les iniquités de Bayonne et sur les violences faites à Ferdinand. Le peuple ne réfléchit pas sur les passages des Pyrénées ouverts, les provinces et la capitale envahies, les trésors et les places aux mains de l'ennemi, la nation désarmée, l'État sans direction; il vit son roi traîtreusement emprisonné, la foi promise violée, ses compatriotes massacrés, le nom espagnol avili. Des montagnes d'Aragon au détroit de Gibraltar, et du jardin de Valence au cap Finisterre, on n'entendait qu'un cri : *Vive Ferdinand VII ! mort aux Français* (1) ! — Les Asturies, qui avaient jadis servi de refuge aux chrétiens contre l'invasion musulmane, donnèrent les premières le signal de l'insurrection contre l'invasion française; et le mois de mai n'était pas écoulé, que le royaume de Léon, la Galice, les Castilles, l'Aragon, la Catalogne, Valence, Murcie, l'Andalousie et l'Estramadure, avaient imité l'exemple des Asturies. Partout de graves excès furent commis; les autorités qui tenaient encore leur pouvoir de Charles IV, ou qui l'avaient reçu de Murat, furent destituées, et souvent exposées aux violences de la multitude. Plusieurs chefs furent même massacrés, tels que le comte d'Aguila, *procurador mayor* à Séville; le marquis del Soccoro, capitaine général de l'Andalousie, à Cadix ; don Torre del Fresno, gouverneur à Badajoz ; le comte d'Albalc, à Valence ; don Santiago de Guzman-y-Villoria, gouverneur civil et militaire d'une partie de la Catalogne, à Tortose, etc. etc. Partout des juntes insurrectionnelles furent établies aux cris de *Vive Ferdinand VII ! mort aux Français !* et le premier acte de ces assemblées improvisées était une solennelle déclaration de guerre à Napoléon.

(1) Le général Foy, *Histoire de la guerre de la Péninsule*, t. III, p. 189.

On comprend qu'il n'entre pas dans le plan de cet ouvrage de raconter tous les détails de ces insurrections partielles, ni tous les événements qui en ont été la suite; ce récit à lui seul exigerait un livre beaucoup plus volumineux que celui-ci. Je ne donnerai quelques développements qu'aux faits dont j'ai été témoin, en ayant soin pourtant, comme je l'ai fait jusqu'ici, de les rattacher aux événements généraux qui se sont accomplis à cette époque dans la Péninsule.

CHAPITRE V

Le deuxième corps d'armée part pour l'Andalousie. — Je reçois l'ordre de retourner à Aranjuez. — Le docteur don Balthasar Fernandez. — Le maire de village et le colonel de dragons. — Retour à Aranjuez. — Don Ramon de Morillejos. — Son portrait. — Ma maladie. — Soins qui me sont prodigués par mes hôtes. — Élévation de Joseph Bonaparte sur le trône d'Espagne. — Soulèvement général de la Péninsule. — J'entre en convalescence. — Départ des Français d'Aranjuez. — Je reste chez don Ramon pour achever de me rétablir. — Départ d'Aranjuez. — Rencontre de *guerrilleros*. — Rencontre d'un régiment français. — Explication. — Mon arrivée à Madrid. — Changement de conduite des habitants de cette ville envers les Français. — Don Basilio Moralès. — Don Alonzo Domingo. — Mes adieux à don Ramon et à dona Teresa. — L'image de la sainte Vierge et le scapulaire.

Chaque jour, depuis la fatale journée du 2 mai, nous recevions des nouvelles inquiétantes de toutes les parties de la Péninsule. J'avais espéré un instant que notre campagne ne serait qu'une promenade militaire; et voilà que la guerre se présentait à nous sous une de ses faces les plus lugubres, la guerre de partisans, c'est-à-dire une guerre d'embuscades, de surprises, d'assassinats, la *guerra a cuchillo* (la guerre au couteau), comme l'a énergiquement définie l'illustre défenseur de Saragosse, Palafox.

J'étais logé à Tolède chez un médecin nommé don Balthasar Fernandez. Il m'avait fait un accueil très-gracieux, et, connaissant bientôt mes goûts pour les études historiques, il m'avait aidé dans mes recherches et m'avait fourni des indications précieuses. Jamais il n'avait été question entre nous que de littérature et d'archéologie; pas un mot de politique, ni la moindre allusion aux affaires du temps, n'étaient entrés dans nos conversations. Après le 2 mai, je m'aperçus que mon hôte semblait éviter de se rencontrer avec moi ; je n'eus pas l'air de m'apercevoir de sa froideur, et cependant je ne fis rien pour renouer nos relations.

Le 23 mai, notre général en chef, Dupont, reçut l'ordre d'aller avec son corps d'armée prendre possession de l'Andalousie ; le départ était fixé au lendemain. Pour moi, à mon grand regret, on me donna une mission qui m'empêchait de suivre l'armée, du moins momentanément. Je fus chargé par le général en chef de me rendre à Aranjuez, où devaient se réunir divers détachements destinés à renforcer quelques-uns des régiments du deuxième corps d'armée d'observation. A mesure que ces détachements arriveraient, je devais, avec le concours d'un officier supérieur, les organiser et le diriger sur leurs corps respectifs.

La veille de mon départ, je crus de mon devoir de faire une visite d'adieu à don Fernandez, pour le remercier de l'accueil bienveillant que j'en avais reçu, quoique depuis une quinzaine de jours nous eussions cessé de nous voir. Il parut sensible à ma démarche, et il s'excusa de l'interruption de nos entretiens scientifiques sur l'augmentation extraordinaire du nombre de ses malades, qui ne lui laissait pas un instant de répit : circonstance, ajouta t-il, qui l'avait fort contrarié en le privant de jouir comme auparavant du plaisir de ma société. Je feignis de croire à son excuse, et après avoir répondu à son compliment par un autre tout aussi sincère, je m'apprêtais à le quitter, quand il me dit tout à coup : « Eh bien ! vous partez donc pour l'Andalousie ? — Hélas ! non, répondis-je, et vous m'en voyez bien contrarié ; car depuis longtemps je désire connaître cette partie de l'Espagne, et contempler de mes yeux les merveilles de Cordoue et de Séville ; mais les exigences du service m'obligent de retourner à Aranjuez, tandis que mes camarades vont visiter les bords enchanteurs de Guadalquivir. — Eh bien, moi, reprit le docteur d'un air satisfait, je vous félicite de tout mon cœur de ce que vous n'êtes pas obligé de suivre votre corps d'armée. — Pourquoi, seigneur docteur? — Parce qu'en ce temps-ci il est malsain de voyager dans ces contrées. — Mais j'ai entendu dire, au contraire, que le séjour d'Aranjuez, où l'on m'envoie, était très-malsain dans cette saison, et que les fièvres y étaient endémiques en été et en automne. — Cela est vrai; mais ces fièvres sont moins dangereuses que l'espèce de maladie qui attaquera vos camarades, peut-être dans la Manche, probablement dans la Sierra-Morena, et très-certainement sur les bords enchanteurs du Guadalquivir, que vous regrettez tant de ne pas visiter. — Cependant, repris-je d'un air d'incrédulité, on m'a toujours vanté la salubrité du climat de l'Andalousie ; et comment appelez-vous cette maladie qui nous y menace? » A cette question, le docteur, prenant un air mystérieux, s'approcha de mon oreille et me dit à voix basse, comme s'il eût craint d'être entendu par d'autres que par moi, quoique nous fussions seuls dans la chambre : « Cette maladie, Monsieur, à laquelle, dans l'intérêt que je vous porte, je suis heureux de vous voir échapper, s'appelle... (ici sa voix baissa encore), s'appelle la *guerrilla*. »

Ce mot était loin d'avoir alors, surtout pour nous autres Français, la terrible signification qu'il eut plus tard. Pour moi, je savais que le mot *guerrilla*, diminutif de *guerra*, signifie petite guerre, et que par extension on nommait *guerrillas* les corps de partisans qui font la guerre pour leur propre compte, et *guerril-*

leros les hommes appartenant à ces espèces de corps francs. Je savais qu'on donnait aussi ce nom aux bandes de contrebandiers, et même à celles de voleurs de grand chemin, et je ne croyais pas qu'il existât en Espagne, à cette époque, d'autres guerrillas que de ces deux dernières espèces. Aussi je souris en entendant la réponse de don Fernandez, et, prenant un ton moitié sérieux, moitié badin, je répliquai : « Parbleu, docteur, je suis enchanté de votre avis, et je vais en faire part au général en chef, afin qu'il change son itinéraire; je ne conçois pas qu'il ait eu l'idée de passer par cette terrible montagne noire que vous appelez Sierra-Morena, dont le nom seul, si souvent répété dans vos romanciers, m'a rempli de terreur dès mon enfance. — Vous raillez, reprit le docteur en conservant toujours un sang-froid glacial, vous raillez, tandis que moi je vous parle sérieusement. Oui, certes, ajouta-t-il d'un ton pénétré, il ferait bien de changer d'itinéraire, il ferait mieux encore de ne pas tenter cette expédition. — Ah! pour le coup, m'écriai-je, docteur, permettez-moi de vous dire que vous me rappelez tout à fait en ce moment ce maire de je ne sais plus quelle commune de France que traversait un régiment de dragons. Le colonel fit appeler ce magistrat pour lui demander quelques renseignements sur la route à suivre pour gagner l'étape prochaine, et sur la distance qui restait à parcourir. Le maire donna toutes les indications demandées, et quand il eut fini : « Mais, monsieur le maire, dit le colonel, il me semble avoir entendu dire qu'il y a une route beaucoup plus courte que celle dont vous venez de me parler. — Oh! oui, colonel, il y en a une, cela est vrai. — Et pourquoi donc ne me l'indiquez-vous pas? — Ah! c'est que, voyez-vous, colonel, cette route est, en effet, beaucoup plus courte, elle est même plus commode que l'autre ; mais je ne vous l'ai pas indiquée parce que depuis quelque temps elle n'est pas sûre ; il y a des voleurs, et deux marchands du pays y ont été arrêtés la semaine dernière en revenant de la foire. » Le colonel ne put s'empêcher de rire de la naïveté du magistrat campagnard, et, tout en le remerciant le plus gravement qu'il put de sa sollicitude pour lui et pour son régiment, déclara qu'il voulait courir la chance de passer par cette route si mal famée

« Croyez-vous, dis-je en terminant mon histoire, que si l'on disait au général Dupont de ne pas se hasarder avec ses douze mille hommes d'infanterie, ses trois mille chevaux, ses vingt-quatre pièces d'artillerie, dans les défilés de la Sierra-Morena, parce qu'il pourrait y rencontrer quelques guerrillas de contrebandiers ou même d'hommes plus dangereux, il ne ferait pas la même réponse que le colonel de dragons dont je viens de vous parler ? — C'est possible, dit en terminant le docteur; mais je n'en persiste pas moins à répéter que je suis très-content de vous savoir dispensé de prendre part à cette expédition... Plus tard vous reconnaîtrez si je suis dans l'erreur. »

Je n'insistai pas, et, tout en le remerciant de sa sollicitude pour moi, je pris congé de lui ; il me serra cordialement la main, en me souhaitant une bonne santé, et nous nous séparâmes. Je ris longtemps, après l'avoir quitté, de ce que j'appelais les lubies du docteur ; nous en fîmes des gorges chaudes dans une réunion d'officiers à qui je racontai mon entretien avec lui, et mon histoire du maire et du colonel de dragons. — Mais combien de fois dans la suite n'ai-je pas eu occasion de reconnaître la justesse des prévisions du docteur !

Le lendemain de grand matin, je fis mes adieux à mes camarades qui prenaient la route de Séville, en leur exprimant de nouveau le regret de ne pas les accompagner et l'espoir de les rejoindre bientôt ; puis je m'acheminai du côté d'Aranjuez avec quelques sous-officiers destinés à compléter les cadres des détachements, et à exercer les jeunes conscrits qui les composaient. Nous arrivâmes le soir à notre destination, et je m'empressai de retourner au logement que j'avais déjà occupé lors de mon premier séjour dans cette ville. Je fus reçu comme un fils bien-aimé pourrait l'être après une longue absence, et cette hospitalité, à laquelle je m'étais attendu, ne surprendra pas mes lecteurs quand je leur aurai fait connaître mes hôtes d'Aranjuez.

Don Ramon de Morillejos était un homme de soixante-cinq ans, parfaitement conservé pour son âge, quoiqu'il eût plusieurs fois payé son tribut aux fièvres ordinaires à cette résidence. Mais la régularité de sa vie, l'absence de tout excès, une frugalité plus qu'espagnole, l'avaient préservé des suites trop communes de ces maladies. C'était un franc et loyal gentilhomme, mais par-dessus tout un excellent chrétien. Dona Teresa était la digne compagne d'un si brave homme ; elle touchait à la soixantaine, mais elle paraissait plus âgée que son mari. Depuis plus de quarante ans qu'ils étaient unis, la plus parfaite harmonie n'avait jamais cessé de régner dans ce ménage modèle. Tous deux étaient animés d'une foi vive et d'une piété fervente, mais qui ne se bornait pas, comme chez bon nombre de leurs compatriotes, aux actes purement extérieurs de la dévotion. Ils pratiquaient toutes les vertus chrétiennes, sans ostentation, sans éclat, avec cette simplicité, ce naturel qu'on apporte dans l'accomplissement des devoirs les plus ordinaires de la vie. Jamais on n'entendait sortir de leur bouche ces protestations emphatiques de leurs sentiments religieux ou de leur dévouement envers leurs semblables, protestations trop ordinaires à ceux qui n'en sont pas réellement pénétrés; chez don Ramon, commè chez sa femme, on pressentait par ce qu'ils faisaient ce qu'ils étaient capables de faire; la charité dans sa plus sublime acception; c'est-à-dire l'amour de Dieu et du prochain, remplissait tellement leur cœur, qu'ils étaient prêts à souffrir le martyre pour l'un, comme à sacrifier leur fortune et même leur vie pour le salut de l'autre.

Quatre enfants étaient issus de ce mariage. Les deux aînées étaient deux filles, dont l'une était mariée à un riche bourgeois de Madrid, l'autre religieuse dans un couvent d'Aranjuez; leur troisième enfant était un garçon qui achevait en ce moment-là ses études à l'université de Salamanque; le plus jeune était aussi un fils, qui servait en qualité de cadet dans le régiment de l'Infantado; ce régiment faisait partie du corps d'armée de la Romana, que l'Espagne avait mis, comme nous l'avons dit, à la disposition de Napoléon, après la malencontreuse proclamation de Godoy.

Cette dernière circonstance n'avait pas peu contribué à m'attirer la bienveillance des deux époux, surtout de dona Teresa. Quand je ne savais comment la remercier des soins vraiment maternels qu'elle me prodiguait: « Vous ne me devez rien, me disait-elle en souriant; ce n'est pas uniquement pour vous ce que je fais, croyez-le bien, c'est aussi pour mon fils, officier comme vous au service de l'empereur Napoléon. J'espère que Dieu permettra qu'une mère rende à mon fils, s'il en a besoin, les soins que j'ai pu donner au fils d'une autre femme. »

On comprend, après ce que je viens de dire, et mon empressement à retourner chez don Ramon, et l'accueil que j'en reçus.

Cependant les détachements que j'attendais n'arrivaient pas, et les bruits les plus sinistres circulaient autour de nous. Bientôt ces bruits furent confirmés par des nouvelles que je reçus de Madrid. Chaque jour m'annonçait un nouveau soulèvement, la route de Bayonne à Madrid était interceptée par les insurgés, ce qui m'expliquait le retard apporté à l'arrivée de nos détachements; d'un autre côté, j'étais sans nouvelles du corps d'armée du général Dupont, par suite de l'insurrection de la Manche. Je me rappelai alors les paroles du docteur Fernandez, et je commençai à les croire plus sérieuses que je ne l'avais fait d'abord. J'étais dévoré d'inquiétudes, et au milieu de toutes ces angoisses de l'âme, je sentais les forces de mon corps s'amoindrir. Bientôt je fus attaqué par la fièvre, qui régnait alors dans toute son intensité à Aranjuez. Je me mis au lit le 8 juin, et le mal, aggravé sans doute par le tourment moral que j'éprouvais, fit des progrès rapides. Pendant trois semaines je fus en danger, et pendant trois autres semaines je ne pus quitter la chambre. J'étais visité par un médecin militaire français attaché à notre corps d'armée; il prescrivait les médicaments nécessaires; mais c'est moins à ses ordonnances que je dus mon rétablissement, qu'aux soins empressés, incessants et délicats dont je fus entouré par mes hôtes. C'est alors surtout que je connus toute l'étendue de leur charité, toute la bonté de leur cœur; aussi ont-ils laissé dans le mien un souvenir qui ne s'effacera qu'avec ma vie.

Pendant tout le temps de ma maladie j'étais resté étranger à tous les événements qui se succédaient avec tant de rapidité à cette époque; j'étais tellement affaibli, qu'à peine avais-je le sentiment de mon existence; mais dès que je commençai à entrer en convalescence, je m'empressai de demander des nouvelles à don Ramon. Ses réponses embarrassées et la tristesse répandue sur sa figure m'inquiétèrent. Je le pressai de nouveau. « Votre médecin, me dit-il enfin, comme pour couper court à mes questions, défend expressément de vous faire parler. Quand il viendra, vous l'interrogerez vous-même, et s'il vous juge assez fort pour soutenir une conversation, nous causerons tant que vous voudrez. »

Je me résignai à attendre le docteur, qui ne vint que fort tard dans la soirée. Il me trouva beaucoup mieux, et il n'hésita pas, lui, à m'informer de ce qui se passait. Il m'apprit tous les détails de l'abdication de Bayonne, et l'élévation de Joseph Bonaparte au trône d'Espagne ; mais la nation espagnole, qui n'avait point été consultée dans le choix de ce nouveau souverain, paraissait fort peu disposée à le reconnaître. Le soulèvement était général d'un bout à l'autre de la Péninsule, et les Français n'étaient en sûreté que dans les localités où ils se trouvaient en forces. « Ici même, ajouta le docteur, nous ne sommes pas sans crainte; des partis d'insurgés rôdent aux environs de cette ville, et nous n'avons pas de troupes suffisantes à leur opposer, car la garnison d'Aranjuez ne se compose que de deux ou trois détachements qui étaient destinés, comme vous le savez, au corps du général Dupont, mais qu'on n'a pu lui envoyer parce qu'ils sont trop peu nombreux et composés de trop jeunes soldats pour les exposer à traverser un pays tout en feu. »

Ces nouvelles inquiétantes, loin de m'abattre, semblèrent me donner une énergie nouvelle. « Allons, docteur, lui dis-je, tâchez de me guérir au plus vite, afin que, si nous sommes attaqués, je puisse au moins prendre ma part du danger » En disant ces mots j'avais fait un mouvement comme pour me soulever et me mettre sur mon séant; mais, accablé de cet effort, je retombai immobile dans mon lit. « Eh bien! me dit le docteur, que faites-vous là? à quoi pensez-vous? Pour vous guérir, comme vous le désirez et comme nous le désirons tous, le plus tôt possible, il ne faut pas commettre la moindre imprudence; vous le savez bien, et vous venez de vous conduire comme un enfant. Vous avez besoin encore de huit jours de repos avant que vos forces vous reviennent; mais encore une fois pas d'imprudence, ou gare une rechute. Du reste, maintenant vous pouvez causer un peu, et nous aurons soin de vous tenir chaque jour au courant des nouvelles. » Là-dessus il me quitta.

Le lendemain, quand le docteur revint, il m'annonça que l'ordre venait d'arriver à toutes les troupes qui se trouvaient aux environs de Madrid de rentrer dans cette ville. « Malheureusement, ajouta-t-il, vous n'êtes pas en état de faire ce voyage, et il faut au moins une dizaine de jours avant que vous puissiez supporter le transport, même en voiture. — Je vous comprends, répondis-je; et si, quand vous serez partis, les insurgés qui sont aux environs entrent dans la ville, que deviendrai-je? — J'avoue, reprit le docteur, que c'est à quoi j'ai déjà bien pensé; mais entre deux maux il faut savoir choisir le moindre. Or si nous vous emmenons avec nous, je suis certain que vous succomberez avant d'être arrivé à Madrid; si vous restez, je suis non moins certain que vous vous rétablirez promptement. Il y a, il est vrai, la crainte des insurgés, mais ce n'est peut-être qu'une fausse alarme; et quand même elle se réaliserait, quand ils viendraient à s'emparer d'Aranjuez, vous n'auriez à redouter de leur part aucun mauvais traitement, et le pire qui pourrait vous arriver serait d'être retenu comme prisonnier de guerre. Mais ce dernier malheur ne serait pas sans remède, tandis que je n'en connais pas à celui dont vous seriez indubitablement victime si vous partiez avec nous. »

Don Ramon était présent à cette conversation ; mais comme elle avait eu lieu en français, il ne l'avait pas comprise. Il me demanda s'il n'y avait pas indiscrétion à en savoir le sujet ; je m'empressai de lui en faire part. « Comment, mon cher fils ! s'écria-t-il quand j'eus fini, avez-vous pu un instant penser à nous quitter dans l'état de faiblesse où vous êtes ? Monsieur le docteur, continua-t-il en s'adressant à ce dernier, nous avons soigné cet officier, dès le commencement de sa maladie, comme s'il eût été notre enfant ; nous continuerons jusqu'à ce qu'il soit entièrement rétabli, et je me charge moi-même alors de le conduire à Madrid, où je dois aller passer quelque temps auprès de ma fille et de mon gendre. »

Le docteur joignit ses remercîments à ceux que j'adressai à don Ramon, et il nous fit ses adieux ; car il allait partir dans une heure avec les troupes. Quelques instants après, j'entendis les tambours battre le rappel, puis un quart d'heure après la batterie du pas de route ; puis le bruit du tambour s'affaiblit en s'éloignant, et fit place pendant quelque temps au pas cadencé des soldats qui retentissait sur le pavé de la rue. Enfin, ce dernier son s'éteignit tout à fait, et je compris que maintenant je me trouvais seul, loin de mes compatriotes et de mes amis, livré à la merci de l'étranger. Un instant mon cœur se serra ; puis, en pensant aux dernières paroles de don Ramon, à toutes les preuves d'affection et de dévouement que j'en avais reçues, je me reprochai cet instant de faiblesse, et j'attendis avec résignation ce que la Providence me réservait.

Après le départ de mes camarades, mes hôtes semblèrent redoubler d'attentions pour moi, comme s'ils eussent pris à tâche de m'empêcher de sentir mon isolement. J'étais d'autant plus touché de leurs prévenances, que cette tristesse que j'avais déjà remarquée chez don Ramon ne faisait qu'augmenter, et que souvent je surprenais des larmes dans les yeux de sa femme.

Plusieurs fois j'essayai de leur demander la cause de leur chagrin; je n'en obtins jamais que des réponses dans le genre de celle-ci : « Il serait difficile d'être gai dans un temps aussi triste que celui où nous vivons; mais enfin il n'arrivera jamais que ce que Dieu permettra, et il faut toujours être prêt à se conformer à sa sainte volonté. » Je n'osais pas insister; mais j'étais convaincu qu'ils étaient tourmentés par quelque inquiétude particulière indépendante des malheurs publics qui affligeaient leur patrie. J'appris bientôt que je ne m'étais pas trompé.

Ma santé s'était promptement rétablie, même plus rapidement que ne l'avait pensé le docteur. Dès que je me sentis en état de faire le voyage de Madrid, je songeai à prendre congé de don Ramon et de sa femme. « Vous savez, me dit mon hôte, ce que j'ai promis à votre médecin français; je vous reconduirai moi-même à Madrid, et vous remettrai sain et sauf à vos compatriotes; mais je ne puis partir que dans deux jours, et ce délai vous servira à reprendre encore un peu de forces, car vous êtes loin d'avoir recouvré celles que vous avez perdues. »

Je me conformai à son désir; car j'étais entièrement à sa discrétion. La veille du départ il m'apporta un costume complet d'hidalgo, avec le manteau et le large sombrero. Comme nous avions à faire une longue route où nous pouvions rencontrer quelques bandes isolées d'insurgés, il était prudent, me dit-il, de prendre ce déguisement, qui, joint à la facilité avec laquelle je parlais espagnol, ne permettrait guère de soupçonner que j'étais un officier français. Dona Teresa devait être du voyage, et nous escorterions sa *galera* montés sur des mules, ce qui donnerait à notre petite caravane une physionomie tout à fait espagnole, et nous ferait moins remarquer.

Tant de précautions me paraissaient superflues, et je demandai plusieurs fois à don Ramon si le danger était assez sérieux pour qu'il les crût indispensables. « Prudence est mère de sûreté, me répondit-il, deux précautions valent mieux qu'une, » ou bien quelque sentence de ce genre ; car les Espagnols ont toujours à leur service de ces maximes sentencieuses ou proverbes qu'ils emploient dans toutes les circonstances de la vie.

Notre voyage s'accomplit avec facilité ; seulement, à quelques kilomètres d'Aranjuez, nous rencontrâmes quatre ou cinq cavaliers qui paraissaient placés en observation sur la route. Don Ramon s'approcha de l'un d'eux, lui montra un papier, qu'il lut avec attention, puis nous continuâmes paisiblement notre route. C'était une patrouille d'insurgés dont la bande occupait un bois voisin ; le papier présenté par don Ramon était un laissez-passer qu'il avait obtenu du chef de la *guerrilla* pour aller à Madrid avec sa famille. Je compris alors que la précaution prise de me déguiser n'avait pas été inutile.

A la *venta* où nous fîmes halte, nous trouvâmes encore bon nombre d'individus à figures suspectes ; mais un des cavaliers que nous avions rencontrés, étant arrivé un instant après nous, dit quelques mots à voix basse, et personne n'eut l'air de faire attention à nous. Quand nous nous remîmes en route, après avoir fait la sieste, nous remarquâmes que l'hôtellerie était déserte ; une bonne vieille seule était restée pour recevoir l'argent dû pour notre halte. Je lui demandai la cause de cette solitude ; elle me répondit que parmi les hommes que nous avions vus en entrant, les uns étaient des voyageurs qui avaient continué leur chemin, les autres des cultivateurs qui étaient retournés à leurs travaux.

A peine avions-nous fait deux kilomètres après notre halte, que nous aperçûmes à une certaine distance cinq cavaliers, dont deux en avant marchaient en éclaireurs, et les trois autres suivaient à quelques pas. Don Ramon parut inquiet; mais je le rassurai bientôt, car je reconnus dans ces hommes l'avant-garde d'un régiment de cavalerie française. Nous ne tardâmes pas, en effet, à voir, à travers un long nuage de poussière qui s'élevait sur la route, le reflet étincelant des sabres et des carabines. A mon tour je me porte en avant, impatient de serrer la main à des compatriotes. C'était un régiment de chasseurs avec lequel je m'étais longtemps trouvé en garnison en Allemagne. Je connaissais un grand nombre d'officiers, et j'en fus bientôt reconnu malgré mon déguisement. On s'empressa de me conduire au colonel. « Je suis enchanté de vous voir sain et sauf, me dit-il, dès que je me fus fait connaître; mais vos camarades, comment les avez-vous laissés? — Mes camarades, mon colonel? mais ils sont tous partis il y a une dizaine de jours, et j'étais resté seul à Aranjuez, livré aux soins de ce brave et digne homme que vous voyez, lui dis-je en montrant don Ramon, que nous venions de rejoindre. — Cet honnête hidalgo, reprit le colonel, ne serait-il pas le senor don Ramon de Morillejos? — C'est lui-même, répliquai-je, mon colonel, » tout étonné de le voir connaître si bien le nom de mon hôte. Alors, s'avançant de quelques pas vers don Ramon : « Je vous remercie, lui dit-il, au nom de l'empereur Napoléon, de ce que vous avez fait pour les soldats français; Sa Majesté connaît votre noble dévouement, et, j'en ai la conviction, ne le laissera pas sans récompense. Dites-moi, pensez-vous que nous arrivions à Aranjuez à temps pour achever l'œuvre de salut que vous avez si bien commencée! — Je l'espère, répondit don Ramon, d'autant plus que les insurgés, prévenus de votre arrivée, ne vous attendront pas, et s'empresseront de quitter la ville, si toutefois ils y sont entrés; cependant je n'ose rien affirmer. — Je vous comprends, reprit le colonel; seulement il est fâcheux qu'il n'ait pas été en votre pouvoir de faire pour tous ce que vous avez fait pour le capitaine Chalbran; mais il y avait impossibilité absolue, et je conçois que, ne pouvant assurer le salut que d'un seul, vous ayez donné la préférence à votre hôte, à qui vous aviez déjà sauvé la vie par vos soins pendant sa maladie. Mais nous n'avons pas de temps à perdre, et ce que vous me dites là redouble mon impatience d'être arrivé. Adieu, senor de Morillejos; au revoir, capitaine. » Et au même instant, d'une voix retentissante, il commande : Au trot! et tout le régiment, prenant cette allure, défile rapidement devant nous.

J'étais resté tout étourdi de cette scène, à laquelle je n'avais rien compris. Quand le bruit des chevaux se fut éloigné et nous eut permis de nous entendre, je demandai à don Ramon l'explication de cette énigme. Par modestie, il ne me la donna qu'en partie; mais à mon arrivée à Madrid je sus la vérité tout entière, et la voici.

Quand les détachements d'Aranjuez étaient retournés dans la capitale, je n'étais pas resté seul malade dans cette ville, comme je le croyais; il y avait aussi trois ou quatre officiers appartenant à différents corps, et une cinquantaine de soldats, tous malades, et hors d'état, ainsi que moi, d'être transportés. Un aide-major, un sous-aide-major et un pharmacien étaient restés pour leur donner des soins, avec une dizaine d'hommes valides, qui devaient leur servir de gardes et au besoin d'infirmiers. Des soldats étaient logés dans une des casernes qui servaient à recevoir la garde destinée au service du château quand le roi habitait cette résidence. Les officiers étaient comme moi logés chez des habitants.

Quelques jours après le départ de nos soldats, les communications ne furent plus aussi faciles entre Madrid et Aranjuez. Les courriers porteurs de dépêches passaient encore; mais les estafettes envoyés par les généraux étaient arrêtés. De nombreuses bandes d'insurgés menaçaient d'entrer dans la ville, d'enlever ou même d'égorger les Français qui s'y trouvaient, et de piller les maisons de ceux qui leur avaient donné asile. Les habitants d'Aranjuez, effrayés de ces menaces, abandonnèrent en grand nombre leur domicile, et ceux qui avaient chez eux des officiers français les engagèrent à rejoindre les soldats de leur nation logés dans les casernes; car ils ne pouvaient les garder chez eux sans les exposer et s'exposer eux-mêmes à être massacrés.

Telle était la cause de la tristesse que j'avais remarquée sur la physionomie de don Ramon. Mais, loin de penser à fuir ou à m'éloigner de sa maison, il ne songea qu'aux moyens de me sauver, et de sauver en même temps les autres Français qui se trouvaient à Aranjuez. Il envoya au gouverneur de Madrid, par un exprès sur la fidélité duquel il pouvait compter, un détail circonstancié de l'état des choses, et fit connaître le danger auquel étaient exposés les Français restés à Aranjuez. C'est d'après cet avis que l'ordre fut donné au régiment que nous avions rencontré de se rendre immédiatement dans cette résidence pour en ramener tous les Français qui s'y trouvaient. Le colonel chargé de cette mission avait appris tous les détails de la conduite de don Ramon, et le prince Murat lui avait recommandé d'en témoigner sa satisfaction à ce brave hidalgo. Cette conduite de don Ramon, qui semblera peut-être fort simple à quelques lecteurs, était un acte dé dévouement qui l'exposait à une mort certaine s'il eût été seulement soupçonné par ses compatriotes.

Le reste de la route se fit gaiement et sans autre incident. En arrivant à Madrid, don Ramon me conduisit chez son gendre, qui m'accueillit comme un frère et m'offrit cordialement l'hospitalité. Mais je ne voulus pas rester plus longtemps à la charge de cette honnête famille, et je déclarai que j'allais à l'état-major de la place réclamer un logement. Toutes les instances de don Ramon et de dona Teresa ne purent me faire changer de résolution; je leur témoignai de nouveau la plus vive reconnaissance pour les services que j'en avais reçus, et je promis de venir tous les jours les voir pendant qu'ils resteraient à Madrid.

Un des motifs qui me firent prendre cette détermination, c'est que je savais que depuis le 2 mai les Espagnols qui faisaient bon accueil aux Français étaient mal vus de leurs compatriotes, et pouvaient, dans ces moments de trouble, être exposés aux plus grands dangers. Je me serais donc reproché comme un crime d'avoir occasionné, même involontairement, le moindre désagrément à des personnes qui m'avaient donné tant de preuves de bienveillance et d'attachement.

Je fus logé dans une belle maison de la *Calle-Mayor*, chez don Basilio Moralès, riche bourgeois de Madrid. Après lui avoir présenté mon billet, il me conduisit cérémonieusement dans la chambre qui m'était destinée, et, après m'y avoir installé, il me salua froidement et se retira. Une vieille duègne fut chargée du service de ma chambre, dont elle s'acquittait d'un air grondeur et bourru. Quant à mon hôte, je ne le voyais jamais; il évitait de me rencontrer, et quand cela lui arrivait par hasard, il daignait à peine répondre à mon salut par un *buenos dias* lâché d'un ton maussade. Quelle différence avec les hôtes que je quittais, et même avec plusieurs de ceux que j'avais rencontrés depuis que j'étais en Espagne! Mais cette conduite de don Basilio était encore un effet de la journée du 2 mai; car j'appris de plusieurs de mes camarades qu'autrefois sa maison était recherchée par les officiers français, et que tous ceux qui y avaient été logés n'avaient eu qu'à se louer de ses procédés à leur égard.

J'étais près de la maison de don Alonzo Domingo, chez qui j'avais précédemment logé, et où j'avais reçu, comme je l'ai dit, un accueil très-amical. J'allai lui faire une visite; il me reçut fort bien encore; cependant il perçait une certaine froideur dans sa manière d'être avec moi, et tout en m'engageant à venir le voir, je m'aperçus qu'il ne fut pas fâché d'apprendre que mes occupations ne me permettraient pas souvent ce plaisir. Cependant je dois me hâter d'ajouter que Domingo me donna plus tard des preuves réelles d'amitié, et que l'apparente froideur qu'il me montra provenait uniquement de la crainte qu'on ne remarquât sa liaison avec un Français.

Cette crainte de compromettre mes amis m'empêcha pendant plusieurs jours d'aller voir don Ramon de Morillejos. Il m'en fit des reproches, et je lui avouai franchement la cause de ce que dans toute autre circonstance j'aurais regardé comme une impolitesse impardonnable. « Il est vrai, me dit-il, que nous vivons dans des temps bien malheureux, et où il n'est pas toujours prudent de manifester les sentiments les plus légitimes et les plus honorables. » Il m'apprit ensuite qu'il se préparait à partir pour Salamanque, afin de ramener son fils qui étudiait dans cette université, ne voulant pas le laisser isolé et loin de sa famille pendant ces moments de trouble et d'agitation. Dona Teresa accompagna son mari, et il était probable que nous ne nous reverrions pas de sitôt. Je leur fis mes adieux comme je les eusse faits à mon père et à ma mère. Au moment de nous séparer, dona Teresa me dit : « Je veux vous laisser un souvenir pareil à celui que j'ai donné à mon fils l'officier au moment de son départ pour l'armée. Vous êtes catholique, ajouta-t-elle, et j'espère que vous attacherez à cet objet la valeur qu'y attachent les fidèles enfants de la Mère des miséricordes. » En même temps elle me remit une image de la sainte Vierge et un scapulaire. Je la remerciai avec effusion, et je lui promis de garder précieusement ce cadeau, qui m'était doublement cher. « Allez, me dit-elle, et que la sainte Vierge vous protége ! » On verra que le vœu de la bonne Teresa fut exaucé.

CHAPITRE VI

Entrée du roi Joseph en Espagne. — Son arrivée à Madrid. — Proclamation solennelle de Joseph. — Les pièces de monnaie. — Fêtes données par le nouveau roi. — Les courses de taureaux. — Détails et description. — Reflexions à ce sujet. — Événement qui interrompt les fêtes.

L'insurrection de l'Aragon et des Asturies interceptait encore les communications entre Madrid et Bayonne, quand Joseph Bonaparte se mit en route pour la capitale de son nouveau royaume (3 juillet). L'empereur son frère avait exigé qu'il entreprît ce voyage, persuadé que sa présence suffirait pour dissoudre les rassemblements des rebelles. Joseph entra donc en Espagne au milieu des députés d'une junte extraordinaire qui avait été assemblée à Bayonne le mois précédent, et qui lui avait prêté serment de fidélité. Il voyagea à petites journées, recevant, dans les villes occupées par les Français, les hommages officiels des autorités. Partout le peuple était morne et silencieux. On arriva ainsi, grâce à une escorte qui pouvait s'appeler un corps d'armée, jusqu'à Burgos; là il fallut attendre le résultat des opérations du maréchal Bessières contre les forces de la Galice et de la Vieille-Castille, réunies sous les ordres des généraux Blake et Cuesta. Enfin, le 14 juillet, Bessières, quoique avec une armée bien inférieure en nombre, battit complétement les généraux espagnols à Medina-del-Rio-Seco. Dès lors toutes les difficultés du chemin se trouvèrent aplanies pour le roi Joseph, et le 20 juillet il fit son entrée solennelle dans la capitale.

La garnison française était sous les armes, et tous les Français se portèrent à la rencontre du nouveau roi. Les magistrats espagnols allèrent au-devant de lui en habits de cérémonie; ils le félicitèrent dans des harangues étudiées par ceux qui les prononçaient, de manière à exprimer assez pour contenter le harangué, et pas assez pour compromettre les harangueurs. Les maisons sur le passage du cortége étaient tapissées de riches tentures; les oreilles étaient assourdies du carillon de toutes les cloches de cette grande ville, dont le son monotone n'était interrompu que par les éclats plus bruyants du canon. Mais au milieu de tout ce bruit et de cette pompe officielle, les cœurs étaient serrés, les bouches restaient muettes: quelle différence de cet accueil morne et silencieux aux transports d'allégresse dont j'avais été témoin dans la même ville à l'entrée de Ferdinand! Cette fois, tous les hommes indépendants par leur position, toutes les femmes appartenant à la noblesse et à la bourgeoisie, se cachaient dans leurs maisons pour ne pas apercevoir l'intrus; quelques-uns, de temps en temps, poussés par la curiosité, montraient une partie de leur visage pour voir passer le cortége; puis ils se retiraient bien vite, dans la crainte d'être remarqués. Joseph eût pu demander, comme cet archiduc d'Autriche que les armées de l'étranger avaient aussi conduit à Madrid un siècle auparavant: « Suis-je dans une capitale, ou dans un désert? » Ce qui faisait peut-être mieux encore ressortir cette solitude, c'était une troupe de portefaix, de vagabonds, de mendiants, que la police avait ramassés et payés, et qui, à demi ivres, entouraient la voiture du roi en criant à tue-tête: *Viva el rey José!* Ils l'accompagnèrent ainsi jusqu'à son palais, où il arriva sans difficulté; la foule ne gênait nullement son passage.

Quelques jours après eut lieu la proclamation solennelle de Joseph Napoléon comme roi de Castille et d'Aragon, en levant les étendards, suivant les anciennes coutumes de la monarchie. Cette cérémonie se fit avec une grande pompe. On lut sur toutes les places publiques la formule sacramentelle usitée en pareille circonstance, en l'accompagnant des cris de : *Viva el rey José!* répétés par les mêmes individus qui avaient accompagné le roi à son entrée à Madrid. — L'usage veut que dans ces circonstances on jette des pièces d'argent au peuple. On n'eut garde de manquer à cette coutume; mais dans la précipitation qu'on mit à introniser le roi Joseph, on oublia une petite particularité : c'est que la monnaie distribuée dans ces solennités était toujours marquée au coin du nouveau roi, et cette fois on ne se servit que d'anciennes pièces, toutes frappées au coin des Bourbons. Le peuple remarqua cette circonstance, jusqu'alors sans exemple, et la regarda comme de très-mauvais augure pour le règne qui commençait.

Cependant Joseph n'épargnait rien pour se rendre populaire. Par ses ordres, d'abondantes aumônes furent répandues dans la classe indigente. Toutes les ressources furent déployées, tous les moyens mis en jeu pour égayer les Espagnols; on prodigua les fêtes et les réjouissances : spectacles gratis, danses, illuminations, et surtout combats de taureaux. Ce divertissement, si national en Espagne, avait été supprimé depuis trois à quatre ans par une ordonnance de Charles IV, sur la proposition de Godoy, et cette circonstance n'avait pas compté parmi les moindres griefs qui avaient excité la haine du peuple contre le prince de la Paix. Il paraissait donc d'une bonne politique, de la part du roi Joseph, de rétablir les combats de taureaux; c'était tout à la fois flatter le peuple dans ses goûts, et lui montrer que le nouveau gouvernement n'était nullement disposé à suivre les traces de l'ancien favori.

Les Espagnols prirent part à ces fêtes, et la foule assista, aussi nombreuse qu'autrefois, aux courses de taureaux; mais, tout en acceptant cette galanterie de son nouveau roi, elle ne lui en témoigna pas plus de reconnaissance. Un silence glacial l'accueillit quand il se présenta dans la loge royale, silence que faisaient surtout ressortir les cris de *Viva el rey José!* toujours poussés par les mêmes individus.

Pour moi, je n'eus garde de manquer cette occasion d'assister à un spectacle tout nouveau pour moi, et que, dans l'état où se trouvait l'Espagne, il était probable que je n'aurais pas occasion de revoir souvent : non que ces jeux sanglants eussent pour moi aucun attrait; mais on n'a pas oublié que j'aimais à étudier les mœurs des peuples que j'avais occasion de visiter; et c'est surtout dans ses fêtes, dans ses jeux, qu'un peuple dévoile son caractère, ses sentiments et ses passions.

Dans presque toutes les villes importantes d'Espagne il y a des places préparées pour les courses de taureaux. A Madrid, la *plaza de Toros* est située à quelques centaines de pas en dehors de la porte d'Alcala. C'est un grand cirque entouré de gradins en amphithéâtre; à la partie supérieure est un rang de loges occupées ordinairement par la haute société. Entre l'arène et les gradins inférieurs règne un espace vide de deux mètres à deux mètres et demi de large, et séparé du champ de bataille par une palissade assurée de distance en distance par de forts madriers. C'est là le lieu de refuge des *toreros*. Lorsque le taureau les serre de trop près, ils posent le pied sur un petit rebord ménagé à l'intérieur, et sautent par-dessus la palissade avec une grâce et une agilité merveilleuses.

Il y a enfin une loge pour les autorités, et une loge grillée où se tiennent un chirurgien prêt à panser les blessés, et un prêtre pour donner des secours spirituels aux *toreros* qui pourraient en avoir besoin.

Le spectacle commence par une espèce de promenade autour de la place, où figurent tous les adversaires qui vont lutter contre les taureaux. Ce sont d'abord les *toreadores,* ou combattants à cheval, qu'on appelle aussi *picadores.* Le rôle de *picador,* pour lequel il faut à la fois de l'adresse, du courage et de la vigueur, ne passe pas pour avilissant : autrefois les plus grands seigneurs ne dédaignaient pas de le remplir. Leur costume est fort élégant. Leurs cheveux, enfermés dans une résille de soie, tombent sur leurs épaules. Leur tête est couverte d'un large chapeau blanc orné de rubans. Ils ont une veste et un gilet collants, et quelquefois un manteau à manches flottantes; ils portent des culottes de daim et des guêtres blanches. Sous ce vêtement ils sont garantis par une cuirasse de tôle. Leur lance, *garrochon,* est un long bâton noueux et solide terminé par un fort aiguillon, et, afin que le fer ne puisse pas blesser profondément, il est enveloppé de corde, de manière à ne laisser passer qu'une pointe d'environ trois centimètres. Leurs chevaux ont les yeux bandés, de peur qu'ils ne s'effraient à la vue du taureau. Ce sont des victimes dévouées à une mort à peu près certaine; aussi ne choisit-on que des rosses, pour ne pas sacrifier de bons chevaux.

Ensuite viennent les *toreros*, c'est-à-dire ceux qui combattent à pied : on les divise en *chulos, banderilleros,* puis le *matador.* Nous reviendrons plus tard sur les attributions de chacun d'eux. Tous sont vêtus en *majos,* costume fort usité encore en Andalousie, et que Beaumarchais a donné à son Figaro. C'est à peu près le même que celui des *picadores ;* seulement, au lieu de culottes de daim et de guêtres, ils sont chaussés de bas de soie avec des escarpins; leur haut-de-chausses et leur gilet sont ornés de riches broderies et garnis à profusion de boutons de métal. Leur veste est de couleur tranchante, à grands revers de la couleur du gilet. Enfin, une large ceinture de soie est roulée autour de leur taille.

Le cirque de Madrid contient au moins quinze mille spectateurs. Il était rempli quand je me présentai, et j'eus bien de la peine à trouver une place. Je fus témoin, le premier jour, de trois ou quatre courses; j'ai assisté plusieurs fois à Séville au même spectacle, et comme, à quelques incidents près, c'est toujours la même chose, je vais essayer d'en donner une idée générale et complète.

Dès que le magistrat qui préside à la fête (c'est ordinairement le corrégidor) a donné le signal, les fanfares retentissent; on ouvre la porte de l'enceinte où sont enfermés les taureaux, et l'on en fait entrer un dans l'arène. Le taureau, qui sort d'un endroit profondément obscur, est ébloui par l'éclat du jour, effarouché par la vue des spectateurs, par leurs cris et par le bruit des fanfares; il bondit dans l'arène, et se jette sur le premier *picador* qu'il aperçoit. Celui-ci marche à sa rencontre, la lance en arrêt; au moment où l'animal s'élance pour donner un coup de corne, le cavalier lui porte un coup de lance au défaut du col et de l'épaule. L'animal furieux est arrêté par la douleur, et par la résistance que lui oppose le bourrelet formé autour du fer. Il recule ou se détourne, et va se précipiter sur un autre *picador*, qui le reçoit de la même manière. Mais si le cavalier a mal pris ses mesures, s'il se trouve trop en face du taureau, s'il ne le frappe pas à l'endroit sensible, si celui-ci se roidit contre la douleur et s'obstine à avancer, la lance plie, vole en éclats; le taureau enlève le cheval avec ses cornes et le jette sur le flanc. Dans ce danger, le cavalier, si l'on ne venait pas à son secours, serait certainement tué par le taureau, qui s'acharnerait sur ses ennemis terrassés; mais on s'empresse d'accourir. C'est ici que les *chulos* sont nécessaires; ils font voltiger aux yeux de la bête furieuse des voiles de couleur éclatante, de manière à détourner son attention. Alors elle s'attache à la poursuite de l'un d'entre eux. Celui-ci échappe ordinairement en laissant tomber le voile qui a surtout attiré les regards du taureau. C'est contre ce morceau d'étoffe que s'exerce la colère de l'animal trompé. Quelquefois cependant il ne prend pas le change, et le *chulo* n'a d'autre ressource que de s'élancer lestement par-dessus la barrière. Alors le taureau revient à l'ennemi qu'il a terrassé. Mais on a relevé le *picador*, qui est remonté sur son cheval, si la malheureuse bête n'a pas été tuée sur le coup. Quelquefois ses entrailles sortant de son ventre pendent entre ses jambes : eh bien, dans cet état, elle porte encore son cavalier le temps de fournir quelques coups de lance.

Quand le taureau est *bon*, selon l'expression espagnole, « c'est un vrai plaisir; » il éventre quelquefois cinq ou six chevaux à lui seul, et il fait rouler les *picadores* à terre d'une roideur admirable; et alors vous entendriez des battements de mains, accompagnés des cris : *Bravo! bravo toro!* Oui; mais le *picador* n'est-il pas tué? Qui est-ce qui s'occupe de cela? c'est l'affaire du prêtre et du chirurgien; et puis cela n'arrive pas souvent, et personne n'y pense. Il est beau, d'ailleurs, le taureau, quand, après avoir désarçonné deux ou trois fois les *picadores*, il se promène dans l'arène qu'il a conquise, et où on n'ose plus l'attaquer. Cependant la tragédie n'est pas finie; la victoire ne lui vaut qu'une courte trêve. Les cavaliers sortent de l'arène; les *ban-*

derilleros les remplacent. Souple, agile, élégamment vêtu dans son costume de *majo*, le *banderillero* s'avance tenant en main deux espèces de flèches garnies de rubans de différentes couleurs et armées d'une pointe dentelée. Il court et voltige autour du taureau, et par ses lazzi l'excite à s'avancer sur lui. L'animal s'y précipite, en effet; mais voilà qu'au moment où il baisse la tête pour le frapper, l'homme s'échappe avec la légèreté d'un oiseau, après avoir enfoncé ses *banderillas* dans le cou du taureau, une de chaque côté. Il faut voir alors le taureau, déchiré par la pointe tenace, s'enlever, bondir en mugissant et secouer avec fureur l'instrument de son supplice, qui, par l'effet même de ce mouvement, s'enfonce de plus en plus dans sa chair. Il n'est pas au bout: un autre se présente et lui enfonce encore deux autres *banderillas*, puis un troisième, puis un quatrième. Enfin, quand la fureur de l'animal est au comble, la trompette sonne sa mort, et le *matador*, l'épée d'une main, un drapeau rouge de l'autre, se présente dans l'arène.

Il y a ici un moment solennel. Le taureau, déjà fatigué, s'arrête et fait front; il considère son ennemi et médite son coup... Le *matador* ne fait pas un pas inutile, il n'avance pas pour reculer; il se place du premier abord avec une justesse et un coup d'œil incomparables. Les deux champions sont en présence : un silence profond règne dans l'assemblée; le *matador* mesure son attaque; de sa main gauche il agite le drapeau écarlate devant les yeux de l'animal, et quand celui-ci suit la direction du drapeau, l'homme se dérobe à droite, et lui plante son épée dans le garrot. Si le coup a été bien porté, le taureau tombe comme foudroyé; car la lame lui a coupé la moelle épinière, ou lui a percé le cœur; alors des milliers de bravos, des applaudissements frénétiques et prolongés sont la récompense du *matador*. Si l'animal ne tombe pas sous le coup d'épée, le *torero* désappointé l'achève en le frappant derrière la tête, avec un poignard appelé *cachetero;* mais alors il fait *fiasco,* et le public mécontent l'accueille souvent par des sifflets. Cela fait, quatre mules richement harnachées entrent dans l'arène; on attache par les cornes le taureau immolé, qui est traîné par les mules hors de l'enceinte, au bruit des fanfares et des applaudissements.

Après un entr'acte assez court, pendant lequel on fait disparaître avec du sable et de la poussière les traces sanglantes laissées sur l'arène par la course précédente, on lance un second taureau dans le cirque; on en lâche ainsi jusqu'à huit pour chaque représentation; encore appelle-t-on cela une demi-course. Autrefois, dans le bon temps des *corridas de toros,* la course était de seize.

Les choses ne se passent pas toujours avec cette régularité classique. On fait parfois des changements à l'ordonnance habituelle des courses pour varier les plaisirs des assistants; ainsi quelquefois, au lieu de garnir simplement les *banderillas* avec du papier de couleur, on les entoure de pièces d'artifices qui, en brûlant, augmentent la douleur et la furie de la victime. Souvent on met une enveloppe arrondie, une espèce de tampon au bout des cornes du dernier taureau. Alors ses armes ne peuvent plus percer; il est ce qu'on appelle *embolado;* dans cet état, il est abandonné aux amateurs, qui descendent en foule dans l'arène et le tourmentent chacun à sa manière. Enfin, comme les autres taureaux, il tombe sous l'épée du *matador*.

Le taureau n'est pas toujours brave; quelquefois il a peur et refuse le combat. Il fuit si obstinément, qu'alors une indicible indignation s'empare de la foule; on le hue, on le siffle, on l'apostrophe, et, pour conclure, on demande les chiens : c'est pour un taureau la dernière ignominie. Le corrégidor n'accorde jamais les chiens qu'à toute extrémité, parce que c'est une insulte pour le propriétaire qui a vendu la bête. Mais quand les cris de *Perros ! perros !* les chiens ! les chiens ! retentissent avec une fureur sans égale, alors le magistrat ordonne de lâcher ces animaux, toujours tenus en réserve pour la circonstance. Ce sont de gros bouledogues, qui s'élancent dans l'arène en aboyant. Le taureau, si pacifique qu'il soit, ne se laisse pas impunément insulter par des chiens ; il s'irrite enfin, et alors commence un spectacle curieux. A mesure que les chiens s'élancent sur lui, le taureau les reçoit sur les cornes, les lance à deux ou trois mètres en l'air, les reprend, les renvoie, les reprend de nouveau pour les lancer encore dans l'espace, à peu près comme ces adroits jongleurs que nous voyons sur les places publiques lancer en l'air et recevoir alternativement quatre ou cinq boules qui ne font que monter et redescendre l'une après l'autre. Il est rare cependant qu'il fasse beaucoup de mal aux chiens qu'il lance de la sorte, parce que le poil des animaux de cette espèce est si lisse que d'ordinaire la corne glisse et n'entre pas. Ce spectacle amuse beaucoup les spectateurs, et dure jusqu'à ce qu'un de ces chiens, qui sont braves après tout, ait réussi à saisir le taureau par l'oreille ; alors sa seconde oreille a bientôt le même sort ; et il a beau secouer ces boule-dogues et les faire danser, il est perdu ; il le sent et se couche, résigné à mourir ; et un des hommes du cirque l'achève en lui enfonçant honteusement une pointe dans le cœur.

Après le combat, les taureaux qui ont succombé sont immédiatement dépecés. Les gens du peuple, les femmes surtout, viennent demander un morceau de la chair de tel ou tel taureau qu'on a soin de désigner par son numéro. On emporte le morceau chez soi et on le mange en famille.

Tel est le spectacle favori des Espagnols : on y voit des chevaux éventrés à coups de corne, des taureaux abattus à coups d'épée ou de poignard, des hommes blessés et même tués sous les yeux de l'assemblée. Plus un taureau est méchant et farouche, plus il divertit le public ; si l'animal est assez adroit pour éventrer un homme, des applaudissements éclatent, et l'on ne compatit guère au sort du malheureux *torero* qui roule renversé sur le sable. Les femmes elles-mêmes prennent part à ces démonstrations, et ce ne sont pas seulement les femmes du peuple ou d'une condition inférieure ; les dames du plus haut parage viennent assister à ces jeux sanglants dans tout l'éclat de leur plus brillante toilette, et avec un visage avide des émotions qu'un tel spectacle peut procurer.

Les combats de taureaux étaient-ils en usage chez les anciens Ibères, ou sont-ils une imitation des jeux du cirque établis par les Romains lorsqu'ils se rendirent maîtres de l'Espagne ? Ces questions ont longtemps occupé les érudits, et ont donné lieu à de longues et savantes dissertations qui n'ont encore rien éclairci. Je me garderai bien, après ces savants, d'émettre une opinion sur un sujet dont la discussion me paraît du reste fort oiseuse ; mais ce qui est malheureusement très-certain, c'est que ce genre de divertissement, quelle qu'en soit l'origine, est un reste de barbarie, qui accoutume à voir répandre le sang, qui émousse et finit par détruire la sensibilité et la compassion, qui donne un vif intérêt et un goût passionné pour les émotions violentes, et rend enfin le spectateur inaccessible à tout sentiment d'humanité. Le gouvernement espagnol a tenté à plusieurs reprises de prohiber un spectacle qui fait périr chaque année, au détriment de l'agriculture, une grande quantité de chevaux et de taureaux, et qui expose la vie des hommes sans utilité pour le pays. Nous avons vu que sous l'administration du prince de la Paix les courses de taureaux avaient été supprimées; nous avons vu dans quel but le roi Joseph les rétablit; depuis cette époque elles ont continué à être en vigueur, et elles font encore aujourd'hui les délices du peuple espagnol. Cependant ces sortes de spectacles ne sont plus en harmonie avec l'adoucissement général des mœurs; et il faut espérer qu'ils deviendront bientôt moins fréquents, et qu'ils finiront par disparaître tout à fait, comme il est arrivé en Angleterre des combats de coqs et des luttes de boxeurs.

J'ai dit qu'il devait y avoir, à l'occasion du *joyeux* avénement du roi Joseph, huit courses de taureaux à deux jours d'intervalle; mais un événement imprévu vint tout à coup suspendre les jeux du cirque et arrêter tous les autres divertissements. Le 29 juillet, le roi Joseph reçut la nouvelle que le général Dupont, après avoir essuyé un échec à Baylen, s'était vu forcé de capituler et de faire comprendre dans cette capitulation les divisions Vedel et Dufour. En apprenant cette triste nouvelle, je songeai aux pronostics du docteur. Voici comment ils s'étaient accomplis, d'une manière plus complète peut-être qu'il ne le prévoyait lui-même.

CHAPITRE VII

Marche de Dupont sur l'Andalousie. — Attaque du pont d'Alcolea. — Prise et pillage de Cordoue. — Soulèvement de toutes les contrées environnantes. — Massacre de Français. — Horribles détails. — Marche rétrograde de Dupont. — Il est joint par le général Vedel. — Position difficile de Dupont. — Activité de la junte de Séville. — Formation d'une armée sous les ordres de Castagnos. — Dupont est rejoint par la division Gobert. — L'armée espagnole manœuvre pour attaquer l'armée française. — Dupont quitte Andujar pour se rendre à Baylen. — Bataille de Baylen. — Suspension d'armes. — Vedel attaque l'ennemi. — Dupont lui ordonne de cesser les hostilités. — Négociation. — Capitulation d'Andujar. — Vedel veut s'y soustraire. — Dupont lui envoie l'ordre de s'arrêter. — Les Français mettent bas les armes. — Violation de la capitulation. — Les troupes prisonnières sont embarquées sur des pontons. — Effet moral du désastre de Baylen. — Réflexion de Napoléon sur cette affaire. — Joie des Espagnols.

On se rappelle que Dupont avait quitté Tolède le 24 mai, pour aller occuper l'Andalousie et les principaux ports du midi de l'Espagne. Il devait être joint, en arrivant à Séville, par une brigade de trois mille hommes détachée de l'armée française de Portugal. On pensait si peu à l'insurrection générale, qui pourtant commençait à éclater de toutes parts, qu'on ne faisait aucun doute sur le succès de l'opération, et que le général, rendant compte au ministre de la guerre de la formation des colonnes de marche, lui annonçait que la dernière entrerait le 21 juin à Cadix.

Le deuxième corps d'armée traversa les plaines de la Manche sans rencontrer d'obstacles. On entra ensuite dans la Sierra-Morena. En arrivant à la Caroline, l'avant-garde française trouva cette ville déserte. A Andujar, deux marches plus loin, le général Dupont apprit la levée en masse de l'Andalousie, et l'organisation à Séville d'une junte qui prenait le titre de *junte suprême d'Espagne et des Indes*, et dont les mesures vigoureuses annonçaient la résolution d'une défense opiniâtre. Toutes les troupes de ligne espagnoles de la province, que Dupont avait ordre de réunir à ses troupes, avaient pris parti pour la junte, qui avait mis à leur tête le général Castagnos, avec le titre de général en chef des armées nationales.

Malgré ces nouvelles peu rassurantes, Dupont continua sa marche en avant. Il s'avança encore quelques jours sans rencontrer d'ennemis; mais, arrivé au pont d'Alcolea, à quelques kilomètres de Cordoue, il le trouva occupé par des forces assez considérables en infanterie, cavalerie et artillerie. Après un combat assez vif, le pont fut emporté et l'armée espagnole mise en pleine déroute. Dans l'après-midi du même jour, les Français arrivèrent devant Cordoue, que les débris de l'armée défaite au pont d'Alcolea n'avaient pas essayé de défendre. Les habitants barricadèrent à la hâte la porte de leur ville, et firent mine de vouloir résister. Quelques volées de canon eurent bientôt enfoncé la porte, et les troupes pénétrèrent dans la ville; elles furent assaillies par des coups de fusil tirés des fenêtres; une fusillade bien nourrie répondit à cette agression et fit bientôt cesser toute résistance. Malheureusement celle qui avait eu lieu servit de prétexte à de terribles représailles. La ville fut livrée au pillage; les maisons, les couvents, les églises, même la célèbre mosquée que les chrétiens ont convertie en cathédrale, tout fut saccagé.

L'armée s'arrêta à Cordoue. Après que le pillage eut cessé, on leva de fortes contributions sur les habitants. Le général Dupont se hâta d'écrire au grand-duc de Berg le récit officiel de son entrée à Cordoue, et de lui donner des détails sur la résistance que préparaient les Espagnols; ce rapport avait été précédé de plusieurs lettres dans lesquelles il demandait avec instance des renforts, ne pouvant pas avec huit mille hommes prendre des places fortes et soumettre des provinces. Mais ni rapport ni lettres ne parvinrent à leur adresse. Pendant que Dupont attendait des réponses, l'insurrection grandissait et l'enveloppait de toutes parts, de sorte que les communications avec Madrid se trouvèrent complétement interrompues. Les paysans armés des environs de Jaën passèrent le Guadalquivir, et massacrèrent l'officier français qui avait été laissé à Andujar pour faire rejoindre les militaires et les détachements isolés. Des contrebandiers organisés, renonçant à leur métier pour faire la guerre nationale, occupèrent en *guerrillas* les défilés de la Sierra-Morena. Dans la Manche même la population prit les armes contre les Français. Les paysans massacrèrent les malades à Manzanarès. Le général de brigade René, que j'avais connu en Égypte, où il avait acquis une haute réputation de bravoure, fut arrêté à la Caroline pendant qu'il rejoignait le corps d'observation de la Gironde; des paysans féroces le plongèrent tout vivant dans une chaudière d'eau bouillante. D'autres officiers français furent sciés vivants. Un de mes camarades, le capitaine d'état-major Cayuder et le commissaire des guerres Vaugrez, furent au nombre des victimes.

Dupont se trouvant isolé, ses relations coupées avec Madrid, prit le parti de rétrograder et de se rapprocher de ses renforts. Il abandonna Cordoue le 16 juin, et le 19 il arriva à Andujar, où il prit position.

Cependant le général Savary, duc de Rovigo, qui, comme je l'ai dit, avait remplacé Murat dans le commandement général des armées françaises en Espagne, inquiet du sort du général Dupont, voulut rouvrir la communication avec lui. Il chargea le général Vedel, commandant la deuxième division du corps de la Gironde, de conduire au général Dupont un renfort de cinq à six mille hommes d'infanterie, douze pièces de canon et sept cents chevaux.

Vedel partit de Tolède le 19 juin, traversa la Manche sans rencontrer d'obstacles; seulement les villages étaient déserts, et si quelques soldats restaient en arrière des colonnes, ils étaient massacrés. L'ennemi n'essaya de l'arrêter dans sa route que dans un passage de la Sierra-Morena appelé Despegna-Perros; mais en un instant le défilé fut forcé, et six pièces de canon qui le défendaient tombèrent au pouvoir des Français. Le lendemain, Vedel rencontra un détachement de douze cents hommes envoyé par Dupont pour dégager les passages de la Sierra-Morena. Ainsi la jonction était opérée (26 juin). Après un mois de communication interceptée, Dupont reçut enfin des dépêches du lieutenant général de l'empereur. On lui donnait l'ordre de suspendre les opérations offensives, sans toutefois repasser la Sierra-Morena, afin de pouvoir les reprendre dès que Saragosse et Valence auraient été soumises. On comptait envoyer comme renforts en Andalousie les troupes employées au siége de Saragosse, et diriger sur Grenade le corps du maréchal Moncey, occupé alors dans le royaume de Valence.

Dupont, forcé de rester dans l'inaction, se trouvait dans l'embarras pour nourrir son armée. La ville d'Andujar, ainsi que le pays environnant, avait été abandonnée par les habitants. Outre les ardeurs d'un climat brûlant, les soldats éprouvaient encore les tourments de la faim. Ils n'avaient ni vin ni eau-de-vie, et la plupart du temps ils ne recevaient qu'une demi-ration de pain, quelquefois un quart. Heureusement les blés étaient mûrs; les soldats firent eux-mêmes la moisson, battirent le blé, le firent moudre, et en fabriquèrent du pain. Ces travaux sans doute n'avaient été qu'un jeu pour les vieux soldats d'Égypte, comme ils le furent plus tard pour l'armée d'Espagne; mais le corps de la Gironde n'était en grande partie composé que de conscrits; les maladies se mirent parmi eux, et en moins de quinze jours il en entra six cents à l'hôpital. Ceux qui ne tombèrent pas malades éprouvèrent une diminution sensible de forces physiques.

Cette inaction forcée de Dupont doublait, quadruplait les forces de l'ennemi, en même temps qu'elle diminuait les nôtres. La junte de Séville déployait une activité incroyable; elle fit un appel à toute la population de l'Andalousie et de l'Estramadure, et la population y répondit avec enthousiasme. On vit accourir sous les drapeaux le riche et le pauvre, le noble et le plébéien, le citadin et le paysan. En moins d'un mois, la junte put opposer aux Français une armée régulière de trente-neuf bataillons et de vingt-un escadrons, pourvue d'une artillerie bien organisée. Cette armée, sous les ordres du général en chef Castagnos, formait quatre divisions. La première, aux ordres de Reding, général suisse distingué, tenait la droite; elle était forte de dix mille hommes des meilleures troupes. La deuxième, forte de six mille hommes, était commandée par le marquis de Coupigni, originaire du Cambrésis, ancien officier aux gardes wallonnes. Le brigadier don Félix Jones, Irlandais, commandait la troisième, et don Juan-Manuel de la Pena, la quatrième.

Dupont, qui connaissait tous ces détails, ne cessait de demander des renforts, annonçant qu'il était menacé d'être attaqué par une armée régulière de quarante mille hommes, sans compter les masses insurgées prêtes à se joindre à elle. On lui envoya enfin la deuxième division du corps d'observation des côtes de l'Océan, commandée par le général Gobert; mais plusieurs bataillons de cette division furent laissés en route pour garder des positions importantes, telle que Madrilejos, Manzanarès, et Puerto-del-Rey, de sorte qu'elle était peu nombreuse quand elle rejoignit le corps de Dupont.

Cependant l'ennemi s'avançait peu à peu, occupait en force Cordoue et Jaën. Le général Castagnos ne voulut pas commencer les hostilités sans y mettre les formes usitées entre les nations civilisées. Le 1er juillet, il envoya au général français la déclaration de guerre de la junte de Séville à la France. Celui-ci fit remettre en échange au général espagnol une copie certifiée de l'abdication de Charles IV et de Ferdinand, et le décret impérial qui proclamait Joseph Napoléon roi d'Espagne et des Indes. Les jours suivants furent employés en manœuvres des deux armées : les Espagnols cherchant à envelopper ou à couper l'armée française, qui s'étendait d'Andujar à Baylen; celle-ci, à se tenir sur ses gardes, et à faire face partout à l'ennemi. Le 9, le quartier général espagnol n'était plus qu'à six kilomètres d'Andujar, où était établi le quartier général français. Vedel, avec sa division, occupait Baylen. Le 14 et le 15, Castagnos fit une forte démonstation contre Andujar; Dupont, qui s'attendait à une attaque sérieuse sur ce point, l'avait fortifié avec soin. Mais pendant qu'on se canonnait d'une rive à l'autre du Guadalquivir, Reding et Coupigni remontaient le fleuve à droite et à gauche, et menaçaient différentes positions entre Andujar et Baylen ; une partie même de leurs troupes avait dépassé Baylen pour couper la retraite des Français par la

Sierra-Morena. Des engagements partiels eurent lieu sur divers points, et dans l'un d'eux le général Gobert fut tué à la tête de sa division. Le général de brigade Dufour en prit aussitôt le commandement. Bientôt les généraux Dufour et Vedel reconnurent que toutes les forces de l'ennemi tendaient à s'emparer de Puerto-del-Rey et de tous les passages des montagnes, afin de couper la retraite à l'armée française; ils se portèrent aussitôt dans cette direction, abandonnant Baylen, que personne ne menaçait, et ils donnèrent avis à Dupont de leur mouvement.

Le général en chef approuva la détermination de ses lieutenants; mais il ne pouvait plus rester à Andujar après l'abandon de Baylen. Il résolut donc de les suivre immédiatement, et de réoccuper Baylen. Il partit d'Andujar à neuf heures du soir, le 18 juillet, emmenant avec lui toutes ses troupes et un convoi composé de plus de cinq cents voitures d'artillerie et de bagage.

Malheureusement la correspondance de Dupont avait été interceptée par les Espagnols. Tous ses mouvements, tous ses projets leur étaient connus, tandis qu'il ignorait complétement les intentions de l'ennemi. Ainsi, les dernières troupes de Vedel avaient quitté Baylen dans la nuit du 17 au 18, et, le 18 au matin, cette ville était occupée par la division Reding et Coupigni. Le lendemain, ces deux généraux devaient se porter sur Andujar à la rencontre du corps de Dupont, qui, ne s'attendant pas à cette attaque, serait pris au dépourvu, tandis que Castaños le presserait par derrière. Cette combinaison eut un plein succès. A trois heures et demie du matin, l'avant-garde du général Dupont se heurta contre une avant-garde espagnole de Reding. Des coups de fusil sont échangés; les Français se mettent en ligne, tandis que les troupes espagnoles étaient déjà toutes déployées et en position. Dupont voit qu'il faut à tout prix forcer le passage de Baylen, et que la plus grande vivacité d'attaque est nécessaire pour ne pas laisser à Castagnos le temps d'attendre l'arrière-garde; mais sa colonne s'étend sur une longueur de plus de douze kilomètres; on comprend combien il fallut perdre de temps pour resserrer ces troupes et les amener sur le champ de bataille, sans parler de l'obligation où l'on fut de laisser en arrière, sous les ordres du général Barbou, un détachement assez fort pour tenir tête à l'ennemi qui viendrait d'Andujar.

En attendant qu'elle fût secourue, l'avant-garde soutint avec énergie un combat inégal. Elle ne perdit pas de terrain; mais elle souffrit beaucoup du feu de l'ennemi. A mesure que les troupes arrivaient, infanterie ou cavalerie, elles étaient immédiatement engagées, sans attendre une plus grande réunion de forces qui eût augmenté les chances de succès. Le combat s'étendait à droite et à gauche de la route, et dura six heures avec un acharnement incroyable de part et d'autre. Un instant les Français gagnèrent du terrain; mais les Espagnols, beaucoup plus nombreux et débordant leurs ailes, les forcèrent à reculer pour ne pas être enveloppés. A dix heures du matin, la brigade Pannetier se présente sur le champ de bataille. Ces soldats, accourus de la queue de la colonne à travers mille obstacles, et enveloppés dans un nuage de poussière, étaient harassés de fatigue avant d'en venir aux mains. L'artillerie, éparpillée dans la colonne, arrivait par fragments, et ne put jamais mettre plus de six pièces en batterie à la fois, lesquelles étaient presque aussitôt démontées par la formidable canonnade de l'ennemi. Sous ces auspices défavorables, les Français recommencèrent à attaquer. La cavalerie rentra de nouveau en action. Les cuirassiers sabrèrent un régiment d'infanterie espagnole, et rompirent plusieurs fois la première ligne de l'ennemi; mais ses réserves, toujours en présence, arrivaient toujours à temps pour s'opposer à des efforts successifs, et tout ce que purent faire les Français, ce fut de conserver la position où les troupes s'étaient rencontrées le matin.

Il était midi passé. Les Espagnols n'avaient eu dans les différentes attaques que neuf cents hommes hors de combat; les Français en avaient près de deux mille. On comptait dans le nombre beaucoup d'officiers supérieurs, entre autres le vieux et brave général Dupré. Les malheureux soldats étaient exténués par quinze heures de marche et huit heures de combat. La plupart voyaient pour la première fois un engagement sérieux. Pour comble de disgrâce, deux régiments suisses, autrefois au service d'Espagne, mais qui marchaient avec nous depuis l'affaire du 2 mai, et qui toute la matinée avaient bravement combattu à notre droite, désertèrent presque en masse, et il ne resta dans les rangs français que quelques officiers et quatre-vingts soldats. Le général Dupont, désespérant alors de pouvoir conduire ses soldats à l'attaque, proposa au général Reding une suspension d'armes. Elle fut acceptée sans discussion.

Pendant ce temps-là, le général Vedel, qui s'était porté dans la Sierra Morena pour empêcher l'ennemi de s'emparer des défilés, ne rencontra personne sur sa route, et n'eut aucune nouvelle du corps d'armée qu'on avait vu ou cru voir en marche dans cette direction. C'était effectivement la division du général Reding, qui s'était repliée sur Baylen dès qu'elle avait appris l'évacuation de cette ville par Vedel. Le 19, à la pointe du jour, lorsqu'on entendit le canon du côté de Baylen, Vedel comprit que Dupont était aux prises avec l'ennemi. Il songea aussitôt à lui porter secours; mais, quoiqu'il ne fût éloigné de cette ville que de six lieues (environ trente-cinq à quarante kilomètres de France), ses soldats, harassés par trois jours et trois nuits de marches continuelles, ne pouvaient s'avancer que lentement. A neuf heures du matin, il leur permit de faire halte pour reprendre haleine. Un ruisseau était près de là, les soldats y coururent en foule pour étancher leur soif. Au même moment un troupeau de chèvres vient à passer auprès d'eux. Les soldats affamés, auxquels on ne pouvait pas dans les marches et contre-marches faire des distributions régulières de vivres, se jettent sur cette proie que la Providence leur envoie. En un instant les chèvres sont tuées, dépecées, et du feu est allumé pour les faire cuire. Vedel a la faiblesse de prolonger la halte pour donner à ses soldats le temps de préparer et de manger ce repas improvisé. Vers midi la colonne se met en mouvement. La canonnade avait cessé; Vedel en conclut que le danger était passé, et il ne presse pas la marche de ses troupes. En approchant de Baylen, on aperçut des soldats, que l'on prit d'abord pour ceux de Dupont revenus d'Andujar. Bientôt on reconnut les Espagnols; Vedel fait aussitôt ses dispositions pour les attaquer. Reding, dont les soldats étaient accablés de chaleur et de la fatigue du combat qu'ils soutenaient depuis le matin, envoie deux parlementaires annoncer aux Français qu'on est convenu d'une suspension d'armes avec le général Dupont. « Allez dire à votre général que je m'en soucie peu, et que je vais l'attaquer, » telle fut la réponse de Vedel. Les parlementaires insistent; ils jurent sur l'honneur qu'un officier de l'état-major français est en ce moment à leur quartier général; Vedel se décide alors à envoyer son aide de camp pour vérifier le fait, en déclarant que si dans un quart d'heure il n'est pas de retour, il commencera l'attaque.

Une demi-heure s'étant écoulée sans que l'aide de camp eût reparu, Vedel lance ses troupes sur l'ennemi. La division Coupigni ne put résister à l'impétuosité de cette attaque. Un bataillon d'Irlande met bas les armes, les canons sont pris, et une portion d'un régiment de milice qui les soutenait est sabré par les dragons français. La position principale, dite de l'Ermitage, se défend avec plus d'opiniâtreté; Vedel lui-même, à la tête d'une brigade de réserve, va se porter sur ce point, l'enlever, et alors rien ne s'opposera à sa jonction avec son général en chef. Mais au moment où il va exécuter ce mouvement, arrive un aide de camp du général Dupont, accompagné de deux officiers espagnols, qui lui remet au milieu du feu l'ordre écrit de cesser les hostilités, parce qu'on traite d'un armistice dont les conditions seront notifiées.

Cet écrit n'entrait dans aucun détail sur les circonstances qui avaient précédé la suspension d'armes. L'aide de camp n'en dit pas davantage, et les officiers espagnols n'avaient à la bouche que des paroles de conciliation et de paix. Vedel crut que les Espagnols avaient proposé eux-mêmes cet arrangement; l'idée lui vint, ainsi qu'à plusieurs de ses officiers, qu'il ne s'agissait de rien moins que de réconcilier les prétentions de la junte de Séville avec les intérêts et les droits du roi Joseph. Il n'en fallut pas tant pour déterminer Vedel à obéir; il fit cesser le feu, et conserva la position, les prisonniers, les drapeaux et les canons que ses troupes avaient enlevés.

Tel était l'état des choses quand fut entamée une négociation désastreuse dont il me reste à raconter les particularités.

Dupont, ne pouvant plus combattre, considéra les

troupes qu'il avait avec lui comme une garnison assiégée qui est aux abois faute de vivres, et qui bientôt manquera de munitions. Il fit demander au général Reding la permission, pour les troupes, de passer par Baylen, afin de se retirer sur Madrid. Reding répondit que ses pouvoirs lui permettaient bien d'accorder une suspension d'hostilités, mais que pour le surplus il fallait s'adresser au général en chef Castagnos, à Andujar. Celui-ci n'avait jamais espéré rien de semblable à ce qui se passait à Baylen. Il osait à peine croire au succès, et il sentait que le moindre incident pouvait le compromettre. Il fit donc un accueil favorable à l'envoyé de Dupont, déclarant qu'il était prêt à traiter à des conditions honorables pour les troupes françaises. Sur cette déclaration, Dupont envoya à Castagnos le général de brigade Chabert, muni de pleins pouvoirs pour négocier et signer un convention.

Pendant les lenteurs qu'entraînaient ces pourparlers, l'armée espagnole se grossissait autour des soldats de Dupont et les resserrait de manière qu'ils ne pouvaient plus se mouvoir ni en avant ni en arrière. Entassés au nombre de huit mille au milieu de cinq cents voitures et de trois mille chevaux, sur un étroit espace infecté par l'odeur des cadavres d'hommes et de chevaux en dissolution, ils mouraient littéralement de faim et de soif. Les Espagnols, connaissant cet état de détresse, songeaient à en tirer parti, quand on remit à Castagnos des dépêches que le général Savary adressait au général Dupont pour lui ordonner de ramener en hâte son armée à Madrid : elles avaient été enlevées à l'officier français qui les apportait. Castagnos, qui s'était d'abord montré si bien disposé, éleva des prétentions hautaines, et surtout ne voulut plus entendre parler de laisser retourner librement les troupes de Dupont sur Madrid, condition qui avait fait la base de la première négociation. Il fallut négocier sur des bases nouvelles; on exigea d'abord que Dupont ordonnât à Vedel de rendre aux Espagnols les soldats, les canons et les drapeaux qu'il leur avait pris dans la journée du 19. Celui-ci se soumit aux ordres de son chef; mais en même temps il lui fit proposer une attaque combinée contre les troupes de Reding. Dupont, ému par les souvenirs de sa gloire passée et pressentant la honte dont il allait se couvrir, était disposé à suivre la proposition de son lieutenant. Plusieurs officiers généraux de sa division étaient du même avis; ils voulaient sacrifier l'artillerie et les bagages, et marcher tête baissée sur Baylen. Mais d'autres généraux et des chefs de corps représentèrent que, pour exécuter une pareille résolution, il fallait avoir des soldats; or on ne pouvait donner ce nom aux infortunés qu'ils conduisaient, et qui n'étaient plus qu'un troupeau inerte, dominé par les besoins physiques, sans énergie ni courage. Ajoutons aussi que des vœux déshonorants partis des grades les plus élevés, et le désir de conserver sa part du butin, contrarièrent les vues généreuses du général en chef et d'une foule de braves. « Le pillage de Cordoue et une longue indiscipline, dit le général Foy, avaient détrempé les âmes, et les avaient préparées à recevoir sans horreur la proposition de mettre bas les armes. »

Ce fut, en effet, cette dernière condition qui fut imposée par le traité ou capitulation d'Andujar. Par cette convention, les troupes placées immédiatement sous les ordres du général Dupont étaient prisonnières de guerre. Les divisions Vedel et Dufour ne devaient qu'évacuer l'Andalousie, mais non par la route de Madrid; l'évacuation devait se faire par mer, et provisoirement on désarmerait les prisonniers, comme ceux qui ne l'étaient pas, sauf à rendre aux derniers l'artillerie et les armes au moment de leur embarquement.

Pendant les conférences, le général Vedel, dont la division n'était pas enveloppée par l'ennemi comme celle de son général en chef, résolut d'échapper aux suites d'un traité auquel on ne l'avait point appelé à prendre part, avant que ce traité fût signé et lui eût été notifié. Il partit dans la nuit du 20 au 21 juillet, et arriva à dix heures du matin à Santa-Elena. Aussitôt que les Espagnols virent le mouvement, ils crièrent à la déloyauté, et menacèrent Dupont de rompre les négociations si Vedel ne s'arrêtait point. Dupont envoya aussitôt à Vedel deux officiers porteurs d'ordres formels et écrits, lui prescrivant de s'arrêter partout où on le trouverait, attendu que ses troupes étaient comprises dans le traité qui venait d'être conclu à Andujar. Fidèle aux règles de la subordination, Vedel arrêta la marche de ses soldats, et attendit avec résignation les ordres ultérieurs qui seraient donnés. Ces ordres ne se firent pas attendre, et il reçut dans la nuit le texte de la convention dont nous avons rapporté la substance. Plusieurs détachements de la division Dufour, qui se trouvaient disséminés à d'assez grandes distances, reçurent aussi cette communication avec ordre de s'y soumettre. Tous obéirent, à l'exception du commandant Saint-Église, qui occupait Madrilejos avec un bataillon destiné à entretenir les communications, et qui ramena ses hommes à Madrid.

Le 23 juillet, les troupes de Dupont, après avoir défilé devant Castagnos et Lapegna, généraux qui ne les avaient pas combattues, mirent bas les armes et se constituèrent prisonnières de guerre, au nombre de huit mille deux cent quarante-deux hommes. Vedel en avait neuf mille trois cent quatre-vingt-treize. Ils remirent le 24, à Baylen, leur artillerie et leurs fusils réunis en faisceaux sur le front de bandière à des commissaires espagnols qui en dressèrent un inventaire. Il avait été convenu que les fusils seraient transportés sur des voitures à la suite de la colonne, et rendus, ainsi que les canons, au moment de l'embarquement. On n'en fit rien, et les victimes de l'obéissance passive furent confondues dans le même traitement avec ceux qui s'étaient reconnus prisonniers de guerre. Ni les uns ni les autres ne devaient plus revoir leur patrie. Le cruel pressentiment qu'ils en eurent ajouta à la confusion qu'ils éprouvaient d'avoir mis bas les armes devant un ramassis de soldats à demi vêtus, mal armés, mal disciplinés. Bientôt accoururent de plusieurs lieues à la ronde, sur le passage des prisonniers, les paysans exaspérés des maux qu'ils avaient soufferts. Les prisonniers furent accablés d'outrages. On leur réclamait avec menaces et injures les vases sacrés des églises de Cordoue qu'ils avaient pillées. Pour empêcher le sang de couler, les colonnes ne passèrent pas dans les villes. Castagnos adressa des proclamations de paix à ses concitoyens; plusieurs fois les soldats espagnols de l'escorte furent obligés d'employer la force pour contenir le peuple, et pour sauver la vie à ceux qu'ils étaient chargés d'escorter. A Puerto-de-Santa-Maria il y eut contre les Françcais une descente de quatre à cinq mille paysans, qui, réunis au peuple de la ville, voulurent les massacrer. On eut peine à faire échapper les officiers généraux sur des chaloupes, qui les conduisirent au fort Saint-Sébastien, à Cadix. Les généraux et l'état-major furent les seuls qu'on renvoya en France. La troupe, officiers et soldats, après avoir passé quelque temps dans des villages autour de Cadix, fut entassée dans des pontons sur la rade de cette ville. C'est là que je ne tardai pas à rejoindre moi-même mes malheureux camarades, et à partager avec eux les douleurs et les vicissitudes de leur captivité, ainsi que je vais bientôt le raconter. C'est là que j'appris toutes les particularités de cette désastreuse affaire de Baylen, longtemps restée ignorée en France, et par conséquent longtemps mal appréciée.

Si je me suis étendu avec quelques détails sur cette déplorable journée, c'est non-seulement parce qu'elle a frappé le corps d'armée auquel j'appartenais, mais parce que les conséquences en ont été incalculables et pour la guerre d'Espagne et pour la fortune même de Napoléon. C'est ce qu'il comprit lui-même, et ce qu'il aperçut de son œil d'aigle quand il apprit le désastre de Baylen. Il ne s'écria pas, comme Auguste en frappant de sa tête les murs de son palais : « Varus, rends-moi mes légions. » La perte de dix-huit à vingt mille soldats novices était facile à réparer pour lui, qui commandait une armée de cinq à six cent mille soldats aguerris, et qui comptait dans ses États plus de quarante millions de sujets. Mais il versa des larmes de sang sur ses aigles humiliées, sur l'honneur des armées françaises outragé. Depuis qu'il était arrivé au pouvoir, ses armes avaient partout et toujours triomphé, et voilà qu'un échec flétrissant venait souiller cette virginité de gloire qu'il jugeait inséparable du drapeau tricolore! Le charme était rompu, les invincibles avaient été vaincus, rangés sous le joug, et par qui?... par ceux que, dans sa politique, Napoléon tenait à faire considérer comme un ramassis de prolétaires révoltés. Son coup d'œil juste et rapide perça dans l'avenir. Par la capitulation d'Andujar, la junte de Séville, qui n'était auparavant qu'un comité d'insurgés, devenait un gouvernement régulier, une puissance. L'Espagne apparaissait à ses yeux fière, noble, passionnée, puissante, telle qu'elle avait été aux jours de son âge héroïque. L'imagination effaçait des pages de l'histoire les souvenirs décolorés des derniers rois autrichiens et de la dynastie des Bourbons, rapprochait et confondait ensemble les triomphes de Pavie et les palmes de Baylen. — Quel rapprochement en effet! — Il venait de reconquérir les trophées de Pavie; l'épée de François Ier était allée rejoindre à Paris les fragments de la colonne de Rosbach; mais ses aigles étaient restées à Baylen! — A Pavie, tout avait été perdu, fors l'honneur; à Baylen, tout avait été perdu, même l'honneur!

En Espagne, le succès de Baylen produisit une espèce de délire; le peuple s'exagéra sa force. Nos armées avaient été devancées dans ce pays par leur renommée formidable; ce n'était qu'en hésitant que les Espagnols avaient livré bataille. Mais quand ils virent que le sort des armes se déclarait en leur faveur, chaque paysan devint un soldat, chaque soldat un héros. Ils avaient terrassé les vainqueurs d'Austerlitz et d'Iéna; qui pouvait maintenant leur résister? La junte profita adroitement de cet enthousiasme, et l'excita par les moyens les plus puissants. Elle fit distribuer à l'armée qui avait combattu à Baylen des drapeaux sur lesquels on lisait cette devise fastueuse : *Aux vainqueurs des vainqueurs de Marengo, d'Austerlitz et d'Iéna!* Les officiers qui avaient pris part à cette action reçurent une médaille où l'on voyait deux épées en croix auxquelles un aigle était pendu par les pieds; au revers on lisait : *Bataille de Baylen,* 19 *juillet* 1808.

CHAPITRE VIII

Arrivée à Madrid des nouvelles du désastre de Baylen. — Conseil de guerre. — On décide l'évacuation de Madrid. — Tous les corps isolés sont concentrés afin d'effectuer la retraite. — Je suis chargé de porter l'ordre au général Musnier de revenir à Madrid. — Ce général m'envoie à Tembleque et à Madrilejos pour rappeler les détachements qui s'y trouvaient. — Je m'acquitte de ma commission. — Je suis laissé seul à Madrilejos. — Je me réveille aux cris des insurgés qui ont envahi la ville. — Le hussard endormi. — La lettre du commandant. — Désespoir du hussard. — Horrible spectacle dont je suis témoin. — Mes réflexions. — Arrivée des habitants de Madrilejos. — Résolution que je forme. — Ma sortie dans la rue. — Le bourgeois complaisant. — L'alcade de Madrilejos. — Le comte du Tilli. — Je gagne la confiance de l'alcade. — Il m'accorde une espèce de laissez-passer. — Mon arrivée à Tembleque. — J'obtiens une audience du général Reding. — Accueil que j'en reçois. — Je suis prisonnier sur parole.

Les premières nouvelles des malheurs de Baylen arrivèrent à Madrid vagues, indéterminées, mêlées de fables et de circonstances invraisemblables. Les Espagnols y crurent, parce qu'on croit facilement ce qu'on désire. Les généraux français rejetèrent comme apocryphes les récits dont la malveillance entretenait la multitude. Ils opposaient à ces récits la réputation personnelle de Dupont, et l'incontestable ascendant des troupes de l'empereur sur des bandes de révoltés, quelque nombreuses qu'elles fussent.

Cependant la nouvelle ne tarda pas à prendre de la consistance. Les soulèvements de la Manche se grossirent. Un convoi de cent cinquante malades, évacués du corps d'observation de la Gironde, fut massacré avec son escorte à la sortie du village de Villarta. Le 26, le roi fit partir de Madrid le général Laval avec trois mille hommes et quatre pièces de canon, pour rouvrir la communication avec l'Andalousie. Il s'avança jusqu'à Madrilejos, et là il acquit l'affreuse certitude du désastre, dont tous les détails lui furent communiqués par le commandant Saint-Église. Il arrêta son mouvement, et envoya demander de nouveaux ordres à Madrid.

Aussitôt le roi assembla un conseil de guerre, composé de tous les officiers généraux français présents à Madrid. Après une longue discussion, il fut décidé que le roi et l'armée française quitteraient Madrid, pour se diriger, par la grande route de Bayonne, au-devant des renforts que l'empereur ne manquerait pas d'envoyer. On se hâta de désarmer les forts et d'évacuer les hôpitaux sur Bayonne. On s'occupa ensuite d'envoyer des instructions et des ordres aux divers généraux qui commandaient des corps isolés dans différentes parties de la Péninsule. Le général de division Musnier eut l'ordre de rassembler à Madrid les troupes restées à Ocagua, Tembleque et Madrilejos, en avant de cette capitale. La garnison de Ségovie eut l'ordre d'aller attendre l'armée à Buitrago. Bessières eut pour instruction d'aller s'établir à Mayorga, jusqu'à ce que le roi eût fait connaître ses intentions ultérieures. Il fut prescrit au général Verdier de lever le siége de Saragosse, d'envoyer à Pampelune les malades et une garnison de deux mille soldats valides, et de se porter avec le reste de ses troupes sur Logrogno. Ainsi, le mouvement de retraite était général, et Joseph concentrait les forces françaises jusque-là éparpillées. Comme chef des armées françaises, car il en avait le titre depuis son arrivée à Madrid, cette opération était simple et de la nature de celles qu'amènent naturellement les chances de la guerre; mais, comme roi d'Espagne, fuir de sa capitale huit jours après y être entré, au milieu même des fêtes de son intronisation, c'était, pour ainsi dire, renoncer à la couronne.

Le corps d'armée auquel j'appartenais n'existait plus. Je m'empressai, dans les circonstances difficiles où l'on se trouvait, d'offrir mes services au duc de Rovigo, qui, bien que depuis l'arrivée du roi il n'eût plus le commandement en chef, avait conservé la haute main sur les opérations. Il me fit passer provisoirement à l'état-major du corps d'observation des côtes de l'Océan, qui avait Moncey pour général en chef. Ce dernier, à qui je me présentai aussitôt, m'envoya, en ma nouvelle qualité, porter au général Musnier, qui appartenait à son corps, l'ordre de revenir à Madrid avec toute sa division. Je partis aussitôt pour Ocagna avec une escorte de quelques militaires du deuxième régiment. Ces sortes de missions devenaient de plus en plus périlleuses; car les insurgés attaquaient de préférence les officiers porteurs d'ordres ou de dépêches, afin d'intercepter les communications entre les divers détachements français. J'eus le bonheur d'arriver sain et sauf à Ocagna, et de remettre mes dépêches au général Musnier. Celui-ci, après les avoir lues, donna aussitôt les ordres de départ à toute sa division. Sans me laisser le temps de me reposer, il me fit partir pour Trembleque et Madrilejos, afin de rallier les détachements qui se trouvaient dans ces localités. Il était tard quand j'arrivai à Tembleque, et j'avais encore cinq à six lieues pour me rendre à Madrilejos; mais il n'y avait pas à hésiter. Après avoir pris quelques rafraîchissements et changé de chevaux et d'escorte, je me remis en route, et j'arrivai à neuf heures du soir à Madrilejos. La chaleur accablante de la journée, la fatigue d'une si longue route et un reste de faiblesse, suite de ma maladie, m'avaient tellement abattu, que j'eus beaucoup de peine à descendre de cheval et à monter dans l'appartemant du commandant pour lui remettre mes dépêches. Je le priai de me faire donner un logement où je pusse prendre un peu de repos, dont j'avais grand besoin. « Vous pouvez, me dit-il, disposer de mon lit, car je ne me coucherai pas cette nuit; j'ai à m'occuper du départ de la garnison, et il faut que demain avant le jour tout le monde soit en route; ainsi vous n'avez que bien peu de temps pour vous reposer, tâchez de le mettre à profit. » Je le remerciai bien sincèrement de son offre obligeante, et j'en usai sans cérémonie.

Je ne tardai pas, comme on le pense bien, à m'endormir d'un profond sommeil. Quand je m'éveillai, il était grand jour. Je voulus regarder à ma montre; mais elle était arrêtée, j'avais oublié de la remonter la veille. Cependant je pouvais juger à la hauteur du soleil qu'il devait être près de six heures du matin. Le plus profond silence régnait autour de moi... Je me rappelai alors que le commandant m'avait dit la veille que nous partirions avant le jour... Serait-il parti avec la garnison? M'aurait-on laissé seul? A peine avais-je fait ces réflexions, que j'entendis un murmure lointain qui grossissait d'un moment à l'autre, et qui devint bientôt un bruyant tumulte, au milieu duquel se faisaient entendre quelques coups de fusil et des cris de : *Viva el rey Fernando !* entremêlés des cris plus sinistres pour moi de : *Mort aux Français !*

Je m'élançai de mon lit, malgré les douloureuses courbatures causées par mes fatigues de la veille, et je m'approchai de la fenêtre. A travers les lames des persiennes j'aperçus une foule de paysans armés qui remplissaient la rue, et qui couraient plutôt qu'ils ne marchaient dans la direction qu'avaient dû suivre les troupes françaises en quittant Madrilejos. Quelques-uns étaient à cheval, et paraissaient les chefs de ces soldats improvisés; ils portaient comme eux le chapeau rond à l'andalouse, la veste courte de drap brun; leur seule marque distinctive était un sabre ou longue épée droite à l'antique, et une écharpe à franges d'argent. Toute cette multitude s'avançait en chantant des chansons patriotiques et en poussant des hourras à réveiller un mort.

J'avais compris toute l'horreur de ma situation. La ville était au pouvoir des insurgés, qui l'avaient envahie immédiatement après le départ des Français, et je ne voyais aucun moyen de leur échapper. Ils poursuivaient probablement la queue de la colonne, dans l'espoir d'enlever les bagages et les traînards; voilà ce qui m'expliquait pourquoi ils n'entraient pas dans les maisons; car j'avais remarqué que toutes les portes et les fenêtres de l'autre côté de la rue étaient fermées comme celles de la maison où je me trouvais, et que la foule passait sans frapper à aucune, sans chercher à entrer nulle part, comme un torrent qui s'écoule entre deux rives escarpées. Mais cette course devait avoir un terme; ils reviendraient sur leurs pas, ils pénètreraient dans les maisons; je serais découvert alors et probablement massacré; car ces sortes de bandes ne faisaient guère de prisonniers, et d'ailleurs le sort réservé à ceux-ci n'était-il pas pire que la mort?

Tout en faisant ces réflexions, tout en maudissant mille et mille fois ceux qui m'avaient ainsi abandonné, je m'habillai à la hâte, je pris mes armes, résolu au moins à vendre chèrement ma vie; puis je sortis de ma chambre pour parcourir la maison, et chercher si je ne trouverais pas quelque issue par où je pusse m'échapper, gagner la campagne et peut-être parvenir, à travers champs, à rejoindre l'armée française. Cette lueur d'espérance était bien faible, et cependant elle suffit pour me ranimer. Je descendis rapidement au rez-de-chaussée; la porte d'une espèce de parloir était entr'ouverte, et je ne fus pas peu surpris d'entendre sortir de cette chambre un ronflement sonore. J'y entrai, et je vis étendu sur le plancher un hussard qui dormait comme s'il eût été couché dans le lit le plus moelleux. A côté de lui se trouvaient deux bouteilles vides, un reste de pain et du jambon, et au milieu de ces débris un papier plié en forme de lettre. Je le ramassai avec empressement, comme si un pressentiment m'eût averti que j'allais y trouver l'explication de l'énigme qui me tourmentait si fort. Cette lettre était, en effet, à mon adresse, et ne contenait que ces lignes écrites au crayon :

« Des avis que je reçois à l'instant m'annoncent que « Castagnos s'avance en force sur Madrilejos, où son « avant-garde arrivera probablement demain à la pointe « du jour; son intention est de nous assiéger dans la « ville, ignorant que j'ai ordre de l'évacuer. Pour éviter « d'être cerné et trouver libre la route de Madrid, il « était nécessaire de se mettre en marche pendant la « nuit; j'ai ordonné en conséquence le départ de toute la « garnison en deux colonnes, dont la première partira « à minuit, et la seconde à deux heures du matin. J'ai « chargé le hussard qui vous remettra cette lettre de « tenir votre cheval prêt, et de vous éveiller à temps « pour partir avec la seconde colonne. Je vous attends « ce soir à Ocagna. Au revoir.

« Le commandant ***. »

Tout s'expliquait alors. Le malheureux hussard chargé de me réveiller avait, en attendant l'heure du départ, collationné avec le reste de la table du commandant, et arrosé ce bon repas de copieuses libations du vin capiteux de la Manche. Le pauvre diable, qui depuis plusieurs jours était continuellement à cheval, qui était accablé de fatigue et de besoin, avait été facilement étourdi par les fumées du vin, et surpris lui-même par le sommeil; le reste se devine facilement. On était parti, comme on le fait en pareille occasion, le plus silencieusement possible, et littéralement sans tambours ni trompettes. Quoique ces réflexions se présentassent à mon esprit, je n'en étais pas moins courroucé contre mon dormeur, que le tapage qui se faisait dans la rue n'avait pu même réveiller. Je le secouai vivement, et ce ne fut qu'à grand'peine que je parvins à dissiper le sommeil de plomb qui appesantissait ses paupières. La difficulté que j'éprouvais à le réveiller redoubla ma colère, et j'avoue que j'étais dans un état d'exaspération difficile à exprimer, quand enfin il reprit ses sens et sortit de l'engourdissement où il était plongé. Frappé d'abord de stupeur, il fut un instant sans répondre aux reproches et aux injures dont je l'accablais. Puis, comprenant toute l'étendue de notre malheur, il se précipita à mes pieds en s'écriant avec l'accent du plus profond désespoir : « Tuez-moi, mon capitaine, par grâce, tuez-moi..., je l'ai bien mérité... Ah! surtout ne me laissez pas tomber vivant entre les mains de ces brigands, qui ont coupé par morceaux deux de mes camarades!... » Puis, avec l'accent d'une douleur déchirante : « O ma mère, ajouta-t-il, ma pauvre mère, je ne vous reverrai plus! » Ce désespoir si vrai, ce souvenir si touchant de sa mère dans un pareil moment, me causèrent une vive impression. Je le regardai avec plus d'attention que je ne l'avais encore fait. C'était un jeune homme de dix-neuf ans à peine, au visage imberbe, aux joues fraîches et rosées, un de ces enfants que l'impitoyable conscription arrachait du sein de leur famille pour les jeter en proie au démon de la guerre. De la part d'un vieux soldat, un pareil langage m'aurait peu ému ; j'y aurais vu un signe de faiblesse indigne d'un militaire ; mais de la part d'un adolescent qui portait encore, pour ainsi dire, sur son front les traces des baisers maternels, je me sentis attendri. Le souvenir de ma mère traversa aussi mon cœur ; ma colère tomba tout à coup, et lui tendant la main : « Relève-toi, enfant, lui dis-je, il ne s'agit pas maintenant de se lamenter. Nous sommes tombés tous les deux dans le précipice ; il faut tâcher d'en sortir, si nous pouvons. » Comprenant, à mon geste et au ton que j'avais pris en lui adressant ces dernières paroles, que je n'étais plus irrité, le jeune hussard se leva, et me serrant avec effusion la main que je lui tendais : « Ah ! mon capitaine, parlez ; que faut-il faire pour vous sortir d'ici ? Je suis prêt à tout, même à mourir pour vous sauver la vie ; car c'est moi qui suis cause du danger que vous courez. — Encore une fois, il ne s'agit pas de mourir, si on peut l'éviter. Il faut commencer par faire tous nos efforts pour nous tirer d'embarras ; et puis, si nous ne pouvons éviter notre sort, il sera toujours temps de nous y résigner et de mourir en braves. — Je ferai tout ce que vous voudrez, mon capitaine ; commandez, je suis prêt à obéir. »

J'étais fort embarrassé moi-même du parti que j'avais à prendre. Je dis à mon hussard de préparer en tous cas ses armes, et de m'attendre un instant. Je m'assurai que la porte de la rue était fermée à l'intérieur, et je remontai à ma chambre pour observer de nouveau ce qui se passait, comptant prendre conseil des événements. La rue était toujours remplie d'une foule non moins nombreuse, non moins exaspérée. Seulement elle n'avançait plus que lentement ; puis il y eut un temps d'arrêt ; puis une clameur immense, épouvantable, se fit entendre ;

mille cris ne faisant qu'un seul cri répétaient avec fureur : *Mort aux Français!* En même temps la foule s'ouvrit pour laisser passer cinq cavaliers qui emmenaient une dizaine de soldats français qu'ils avaient faits prisonniers. C'étaient quelques traînards appartenant à la dernière colonne partie dans la nuit. Les malheureux étaient dans un état pitoyable ; leurs vêtements étaient en lambeaux, le sang et la sueur ruisselaient de leurs figures, et cet aspect, loin d'inspirer de la pitié aux bandes armées qui les environnaient, semblait augmenter leur rage. Les cris de *mort aux Français!* redoublaient avec une nouvelle violence ; on leur jetait de la boue, des pierres ; mille lames de couteaux brillaient menaçantes sur leurs têtes. Les cavaliers qui les escortaient faisaient d'inutiles efforts pour les protéger ; ils parlaient à la multitude, ils menaçaient même de leurs sabres les plus acharnés; mais que pouvaient cinq hommes contre cette foule furieuse, qui devenait de plus en plus compacte? Bientôt un des malheureux prisonniers tomba, sans doute de défaillance. En un instant il fut traîné au milieu d'un groupe, qui se précipita sur lui comme des bêtes fauves sur une proie. C'était à qui lui porterait un coup de poignard ou de baïonnette, et longtemps après qu'il eut cessé d'exister, ses bourreaux s'acharnaient encore sur son cadavre. Pendant cette scène, le chef de l'escorte, espérant sans doute que la foule, contente d'une victime, le laisserait emmener les autres, redoubla d'efforts pour s'ouvrir un passage. Il ordonna à ses quatre hommes de faire feu de leurs carabines sur ceux qui tenteraient encore d'enlever les prisonniers. Cette menace produisit son effet, et les prisonniers, réduits à neuf, purent continuer leur route.

On comprend quelle douloureuse impression produisit en moi ce spectacle affreux. Voilà le sort qui m'attendait dès que je serais découvert, dès que la foule aurait pénétré dans la maison où j'étais; et ce qui m'étonnait, c'est qu'elle n'eût pas déjà tenté de le faire. Un instant j'eus la pensée d'ouvrir la porte de la rue, de me précipiter avec le jeune hussard au milieu de cette foule et de me faire tuer en combattant, afin d'éviter le supplice horrible dont je venais d'être témoin, et de vendre au moins chèrement ma vie. Cependant une réflexion m'arrêta; l'armée de Castagnos n'était pas composée seulement de ces bandes indisciplinées que je voyais dans la rue, et qui seules exerçaient des actes de barbarie comme celui qui venait de se passer sous mes yeux. Il y avait un certain nombre de troupes réglées, qui traitaient leurs prisonniers avec les égards usités parmi les nations civilisées envers un ennemi désarmé. J'en avais la preuve dans les efforts que j'avais vu faire aux cavaliers de l'escorte, qui appartenaient évidemment à un corps régulier, et qui, d'après l'uniforme, devait être celui des gardes wallonnes. S'il était possible de me rendre prisonnier à quelque officier de l'armée régulière, ce serait sans doute un malheur, mais non un malheur irréparable, comme le serait une mort inutile et sans gloire, en tombant au pouvoir de cette troupe de forcenés. Seulement où était cette armée? Quand occuperait-elle Madrilejos? Ne chercherait-on pas auparavant à entrer dans la maison où j'étais enfermé?

Pendant que je me livrais à ces réflexions, je m'aperçus que la foule avait considérablement diminué; à la place des guerrilleros, on voyait une longue file de *galeras* remplies de femmes et d'enfants, que des hommes ayant l'aspect de paisibles bourgeois escortaient à cheval ou montés sur des mules. On voyait bien encore çà et là bon nombre de ces figures sinistres de tout à l'heure; mais il y avait aussi quelques soldats réguliers. Ces voitures de femmes et d'enfants, ces bourgeois qui les accompagnaient, étaient les habitants de Madrilejos qui avaient abandonné leur ville pendant le séjour des Français, et qui se hâtaient de rentrer dans leurs domiciles après leur départ. Une proclamation de Castagnos les y avait invités, en même temps qu'elle defendait à ses soldats de pénétrer dans aucune maison avant les propriétaires, et de ne s'y présenter ensuite qu'avec un billet de l'alcade. Voilà ce que je compris d'une conversation qui se tenait au bas de mes fenêtres entre un soldat espagnol et un bourgeois. Je m'expliquai alors pourquoi je n'avais pas été inquiété dans ma retraite; mais cela ne pouvait durer longtemps. Les maisons voisines de la mienne commençaient a recevoir leurs hôtes; probablement le mien allait bientôt se montrer; et comme je ne me souciais pas de me rencontrer face à face avec lui, je me décidai à mettre à exécution un projet que je venais de former sur-le-champ.

Je descendis en toute hâte auprès de mon hussard. Il n'était plus dans le parloir où je l'avais laissé; je crus entendre du bruit dans une petite cour voisine; j'y courus, et je le trouvai qui achevait de seller nos deux chevaux. « Tiens! m'écriai-je, je n'avais pas pensé aux chevaux; mais tu as eu une bonne idée, et puisqu'ils sont prêts, nous en profiterons. — Que faudra-t-il que je fasse, mon capitaine? — Rien, que de me suivre à quelques pas, comme mon domestique, et si l'on t'adresse la parole, dire que... — Mais, mon capitaine, interrompit le hussard, je ne sais pas un mot d'espagnol; à peine même si je sais le Français; car je suis Alsacien, et il n'y a pas six mois que j'ai quitté mon pays. » Son accent tudesque, et la difficulté qu il éprouvait à s'exprimer en français, me l'avaient deja fait supposer. « Tant mieux, repris-je à mon tour, je parlerai pour nous deux, et cela vaudra mieux encore. » Je lui fis ensuite ôter la cocarde de son schako; puis j'ôtai celle de mon chapeau d'ordonnance, et j'en détachai les ailes, de manière à les rabattre et à lui donner la forme d'un *sombrero;* cela fait, je couvris mes épaules d'un manteau brun espagnol, et je montai à cheval. Je recommandai au hussard d'en faire autant aussitôt qu'il aurait ouvert la porte de la rue, à l'entrée de laquelle je m'arrêterais pour lui laisser le temps de monter. « Faut-il mettre le sabre à la main? me dit-il. — Non, non, garde t'en bien. Laisse ton sabre dans le fourreau et ta carabine au crochet, comme si nous allions faire une simple promenade. »

Tout s'exécuta comme je l'avais ordonné. A peine fûmes-nous dans la rue, que mille regards investigateurs se dirigèrent sur nous. Il y avait encore là bon nombre de guerrilleros qui n'eussent pas mieux demandé, s'ils nous eussent connus, que de se dédommager sur nous des prisonniers dont on leur avait fait tort une heure auparavant. Mais j'avais compté, pour dépister les curieux, sur notre déguisement; car mon grand chapeau rond et mon manteau ne me faisaient guère ressembler à un officier français; quant au hussard, comme il appartenait au deuxième régiment, dont l'uniforme est brun foncé, et qu'il y avait au service d'Espagne un régiment étranger dont l'uniforme était à peu près de la même couleur, il n'était pas facile à des bourgeois et à des paysans, peu au courant de la tenue militaire, de distinguer si celui-ci était ami ou ennemi. J'avais compté, dis-je, sur ce premier point, mais plus encore sur mon sang froid et sur ma facilité à parler la langue espagnole, facilité telle, que je pouvais me faire passer pour un vrai Castillan. A peine eus-je fait quelques pas, que, me retournant tout à coup, comme si j'avais oublié quelque chose, je dis tout bas à mon hussard que j'allais lui ordonner en espagnol d'aller fermer la porte de la maison et de m'apporter la clef. Élevant alors la voix, je lui dis en espagnol, de manière à être entendu de tous les voisins : « Pedro, descends de cheval et va fermer la porte ; tu me rapporteras les clefs, que j'irai remettre entre les mains de l'alcade. » Puis, adressant la parole à un bourgeois qui paraissait occupé à emménager dans une maison voisine : « Segnor, lui dis-je, savez-vous si votre voisin tardera longtemps à revenir occuper sa maison ? — Je ne le pense pas, segnor cavalier, me répondit-il ; car le seigneur don Gomez de Ribeira, à qui elle appartient, est parti depuis longtemps pour l'Andalousie, où il possède des propriétés considérables. — Alors, repris-je, je vais remettre les clefs à l'alcade, selon les ordres que j'ai reçus du général Reding, afin qu'il en dispose comme il le jugera convenable. » Comme j'achevais ces mots, mon hussard me donnait les clefs, et remontait tranquillement à cheval.

Le nom du général Reding produisit l'effet que j'en avais attendu. Je vis toutes les figures autour de moi s'éclaircir, et le nuage de défiance qui les obscurcissait tout à l'heure faire place à la confiance et au respect. « Pourriez-vous m'indiquer, dis-je en m'adressant à mon interlocuteur, la demeure du segnor alcade ? — Segnor officier, me répondit-il, ce n'est qu'à deux pas, et si vous voulez bien le permettre, j'aurai l'honneur de vous y conduire moi-même. — J'accepte votre offre avec plaisir, si cela ne vous dérange pas trop. — Pas du tout ; je serai, au contraire, enchanté de vous servir de guide. » Et il se mit aussitôt à marcher à côté de moi.

Je m'aperçus bientôt que c'était moins par complaisance pour moi que par curiosité que le digne bourgeois avait voulu m'accompagner. Tout le temps que dura le trajet de chez lui chez l'alcade, c'est-à-dire pendant un bon quart d'heure, quoiqu'il n'y eût que deux pas selon lui, il ne cessa de m'adresser des questions, et moi j'y répondais très-haut et avec un imperturbable sang-froid, de manière à me faire entendre de plusieurs individus que la curiosité avait aussi attirés sur nos pas. « Pensez-vous, seigneur capitaine, me disait-il, que les Français reviendront ici? — Oh! il n'y a pas de danger; je vous garantis qu'ils sont en ce moment en pleine retraite dans toute l'Espagne, et que bientôt ils auront repassé les Pyrénées. — Dieu soit loué, seigneur commandant (car, à mesure que je gagnais sa confiance, j'augmentais en grade à ses yeux). Ah! les maudits Français, que de mal ils m'ont fait! Figurez-vous que je n'ai pas retrouvé un seul meuble entier dans ma maison. Ah! si avant de partir on pouvait tous les exterminer! — C'est ce qui pourrait bien leur arriver si le général Castagnos parvient à les rejoindre. — Vous croyez? ah! quel bonheur! »

Tout en causant ainsi, nous arrivâmes devant la porte de l'alcade. Réussirai-je aussi bien avec lui qu'avec son administré? Cette idée m'inquiéta un instant; mais puisque j'avais si bien commencé, je résolus de poursuivre mon rôle jusqu'au bout. Pour me donner une certaine importance, je priai mon guide de vouloir bien s'assurer si le magistrat était chez lui, et dans ce cas de le prévenir qu'un officier attaché à l'état-major du général Reding désirait lui parler. Un instant après, mon homme revint en me disant que l'alcade me priait d'entrer au parloir, où il allait se rendre à l'instant. Je descendis aussitôt de cheval et entrai dans le parloir, dont mon guide me fit les honneurs, en attendant l'alcade, qu'il connaissait, me disait-il, particulièrement.

Bientôt je vis entrer ce magistrat; c'était un petit homme gros, joufflu, à ventre proéminent, et qui m'aurait assez rappelé son compatriote Sancho Pança, sans une certaine affectation de gravité et d'importance tout à fait incompatible avec la bonhomie et le laisser aller du fameux écuyer du chevalier de la Manche. « Seigneur alcade, lui dis-je, j'ai été envoyé, la nuit dernière, dans cette ville par le général Reding afin de prendre possession, immédiatement après le départ des Français, de la maison qui leur avait servi de quartier général, et de m'assurer de l'état où se trouvait cette maison, appartenant au seigneur don Gomez de Ribeira, pour la préserver de toute déprédation ultérieure. J'ai reconnu que cette habitation est intacte, que les meubles en ont été tous conservés, et après avoir fait fermer les portes en présence de plusieurs honorables citoyens, et entre autres du segnor ici présent, ajoutai-je en montrant mon guide, je vous en apporte les clefs, me dechargeant désormais sur Votre Seigneurie de toute responsabilité à cet égard. — Mais, Seigneur, reprit l'alcade, je ne comprends pas pourquoi je serais chargé de cette responsabilité; car je suis absent moi-même de cette ville depuis plus d'un mois, n'ayant pas voulu exercer mes fonctions au nom de l'usurpateur. J'arrive aujourd'hui; j'ignore dans quel état se trouve la propriété de don Gomez, ni quelle est l'espèce de responsabilité que vous voulez m'imposer en me chargeant de ces clefs. D'ailleurs je n'ai aucun ordre à recevoir du général Reding, ni d'aucun des généraux, pas même de Castagnos; je ne dois obéissance qu'à la junte suprême et à son représentant, le comte de Tilli, que j'attends aujourd'hui même dans cette ville. »

Cette réponse fut faite d'un ton de mauvaise humeur fort peu rassurant. Ce qui l'était encore moins, c'était l'arrivée prochaine du comte de Tilli, personnage dont j'avais beaucoup entendu parler. C'était un de ces hommes comme il s'en trouve dans toutes les révolutions, qui cherchent par leur audace et leur exaltation à faire oublier un passé peu honorable. Chargé de dettes, ruiné de fond en comble, poursuivi à Madrid pour un procès en matière de faux, le comte de Tilli s'était présenté à la junte de Séville comme victime de son dévouement à la cause du roi légitime. Ses manières de grand seigneur, son élocution facile, son esprit délié, et quelque chose d'acerbe et de tranchant dans le caractère, le firent considérer comme une précieuse acquisition. Il fut nommé membre de la junte suprême, et envoyé en cette qualité, quand les hostilités commencèrent, auprès des généraux pour contrôler et surveiller leurs actes. Ces fonctions, comme on le voit, étaient analogues à celles des représentants du peuple que la Convention envoyait aux armées pendant les guerres de notre révolution C'était surtout dans leurs rapports avec l'ennemi et avec les populations civiles que l'autorité des généraux était subordonnée à celle du commissaire de la junte suprême. Castagnos ne se fût pas permis de recevoir un parlementaire autrement qu'en sa présence, et c'est au comte de Tilli que sont dues les clauses si dures du traité d'Andujar, et la mauvaise foi qui fut apportée plus tard dans leur exécution. Les généraux ne pouvaient exiger de réquisitions sur les habitants que sur son visa ; voilà pourquoi l'alcade de Madrilejos ne paraissait nullement disposé à obéir aux ordres du général Reding.

Je connaissais toutes ces particularités ; mais je m'étais imaginé que le nom du général Reding produirait sur l'alcade le même effet que sur mon guide. M'apercevant que je faisais fausse route, je me hâtai de chercher un biais pour sortir de l'impasse où je m'étais fourvoyé. « Seigneur alcade, vous m'avez mal compris, ou plutôt, je l'avoue, je me suis mal exprimé. Il n'est question de vous imposer aucune responsabilité, moins encore de vous donner des ordres de la part de mon général; il sait avec quel zèle, avec quel dévouement à la bonne cause vous remplissez vos fonctions; il sait, comme tous ses collègues le savent aussi, que tous les serviteurs du roi Ferdinand peuvent compter sur vous pour leur prêter aide et protection; c'est par ce motif qu'il vous prie de vouloir bien veiller sur la maison de son ami particulier, le segnor don Gomez de Ribeira, en ne permettant qu'elle soit occupée, lorsqu'il y aura nécessité, pendant le passage de l'armée, que par des généraux ou des chefs de corps, ou par des personnages de l'importance de M. le comte de Tilli, dont vous me parliez tout à l'heure. »

Je m'aperçus promptement qu'en flattant la vanité de l'alcade j'avais touché la corde sensible. « Comme cela, me dit-il d'un ton radouci, je veux bien me charger des clefs de don Gomez. Vous direz au général Reding que je ne négligerai rien pour me conformer à son désir, et que je regrette que la marche de l'armée ne lui ait pas permis de passer par ici; j'aurais été heureux de rendre mes hommages à un loyal serviteur du roi, qui, d'après ce que vous venez de me dire, connaît aussi mon attachement à la bonne cause. — Comment, s'il le connaît! mais je lui ai souvent entendu parler de vous dans le sens que je vous ai dit, et il ne doute pas qu'aussitôt que Sa Majesté Catholique sera remontée sur le trône de ses pères, vous ne receviez du roi lui-même une récompense digne de vos éminents services. »

Cette seconde dose de flatterie acheva de lui tourner la tête. Toute réserve, toute morgue avait disparu; il m'offrit des rafraichissements, dont je le remerciai, sous prétexte que je ne pouvais m'arrêter plus longtemps, et que je devrais déjà être en route; mais je ne voulus pas le quitter sans mettre à profit sa bonne volonté pour me donner des éclaircissements sur deux faits importants qu'il m'avait appris dans sa conversation : l'un, que le comte de Tilli allait arriver à Madrilejos ; l'autre, que le général Reding ne passerait pas par cette ville. « Il me reste, lui dis-je en lui tendant la main, à vous faire mes adieux ; mais, auparavant, auriez-vous la bonté de me donner un récépissé des clefs que je vous ai remises? Cette formalité, m'empressai-je d'ajouter, est pour moi seul, et sert à constater auprès de mon général l'accomplissement de la mission qu'il m'a donnée. — Je n'y vois aucun inconvénient, reprit le digne alcade ; et il se mit à écrire la pièce que je lui demandais. Comme il fallait qu'il mît le nom de la personne de qui il avait reçu les objets dont il donnait récépissé, il me demanda comment je m'appelais. « De Forbach, répondis-je, capitaine d'état-major, attaché à la division du général Reding. — Tiens, mais c'est un nom allemand que vous avez là, et moi qui vous croyais Espagnol ! — Je suis Suisse, répondis-je négligemment, compatriote de M. Reding, et depuis longtemps au service d'Espagne. » Quand il eut cessé d'écrire, je le priai de mettre cette pièce sous une enveloppe cachetée et adressée au général Reding, en ayant soin de la sceller de son sceau d'alcade. « Et quel nom de ville ou de village dois-je mettre sur l'adresse ? demanda-t-il ; car je pense bien que le général n'est plus à Consuegra. — C'est probable, répliquai-je ; mais laissez le nom en blanc ; car je saurai toujours bien le trouver partout où il sera. Maintenant, ajoutai-je, quand il me remit le fameux récépissé, il ne me reste plus qu'à vous souhaiter une bonne santé et à vous renouveler mes remerciments. Ah ! à propos, quand vous verrez M. de Tilli, veuillez, je vous prie, me rappeler à son souvenir et lui dire combien je regrette que mon devoir ne m'ait pas permis de lui présenter mes hommages. — Vous le connaissez donc? — Beaucoup. — En ce cas, c'est dommage que vous ne puissiez pas prolonger votre séjour une heure ou deux ; car il ne manquera pas d'être ici dans une heure, une heure et demie au plus tard. — C'est vraiment contrariant ; mais il ne fera peut-être qu'une halte, et il continuera sa route ; alors je le rencontrerai ce soir ou demain matin. — Je ne le pense pas ; car il doit rester ici jusqu'à l'arrivée du général Castagnos, qui probablement ne sera ici que demain ou après-demain. — Eh bien ! je le verrai toujours à Madrid. Adieu, segnor alcade. — Adieu, segnor capitaine. » Et nous nous quittâmes en échangeant les plus cordiales poignées de main.

Maintenant j'étais fixé sur ce qui me restait à faire. Je ne craignais plus de rencontrer le comte de Tilli, qu'il n'eût pas été aussi facile de tromper que l'alcade. Il ne s'agissait plus que de rejoindre le général Reding, dont la loyauté était connue autant que la bravoure. J'avais dans la lettre écrite et scellée par l'alcade une espèce de laisser-passer qui pouvait me servir pour arriver jusqu'à lui. Il fallait se hâter d'en profiter.

Je rejoignis mon hussard, qui m'attendait paisiblement dans la rue, tenant mon cheval par la bride, et entouré d'un cercle de curieux, mais qui se montraient peu importuns. L'alcade m'avait reconduit jusqu'à sa porte, et les témoins de cette scène nous avaient vus échanger nos poignées de main. Je remontai lestement à cheval, et, après avoir salué de la main l'alcade et le bourgeois qui m'avait servi de guide, je piquai des deux en me dirigeant sur la route de Madrid, suivi de mon fidèle hussard.

Nous arrivâmes de bonne heure à Consuegra. Cette

petite ville était tellement encombrée des mêmes troupes que j'avais vues le matin à Madrilejos, que j'eus beaucoup de peine à la traverser. J'y réussis toutefois sans trop exciter la curiosité, et après m'être assuré que le général Reding en était déjà parti, se rendant à Tembleque. En arrivant dans cette dernière ville, j'appris que le général s'y trouvait, et que mon sort allait enfin être décidé. Il était temps, car j'étais rendu de fatigue; mais il me tardait surtout de sortir de l'état d'anxiété où je me trouvais depuis le matin. Le travestissement que j'avais pris et le rôle équivoque que j'étais obligé de jouer n'allaient nullement à mon caractère; à chaque instant j'étais sur le point de me trahir, et chaque fois que j'articulais un de ces mensonges auxquels m'obligeait mon déguisement, il me semblait que ma figure devait contredire mes paroles.

Ce ne fut pas sans peine que j'obtins une audience du général Reding. Je montrai d'abord ma lettre de l'alcade de Madrilejos. « On va la porter au général, me répondit un officier de service, et vous attendrez la réponse. » J'insistai pour la remettre moi-même; il me demanda à quel corps j'appartenais. Cette question m'avait déjà été faite deux ou trois fois, et j'avais toujours évité d'y répondre; cette fois encore, sans paraître l'avoir entendu, je dis avec le plus de sang-froid qu'il me fut possible : « J'ai des renseignements positifs à donner au général sur le mouvement de l'armée française; j'en ai déjà parlé ce matin au comte de Tilli, que j'ai vu à Madrilejos, et il m'a chargé de les communiquer le plus tôt possible au général Reding, que cela intéresse plus spécialement. Veuillez donc le prévenir que c'est de la part du commissaire de la junte suprême que je désire lui parler en particulier; s'il ne consent pas à m'entendre, je retournerai immédiatement auprès du comte de Tilli pour lui rendre compte de l'obstacle que j'ai rencontré. »

Le nom du comte de Tilli me servit ici comme celui du général Reding m'avait servi le matin. Toutes les difficultés furent levées, et un instant après je fus introduit dans la chambre qu'il occupait. Le général Reding était un homme d'une soixantaine d'années; ses cheveux étaient blancs comme la neige; sa physionomie, mâle et énergique, respirait en même temps la bonté et la franchise. « Général, lui dis-je en l'abordant, vous me pardonnerez, je l'espère, la ruse que j'ai employée pour pénétrer jusqu'à vous. » Et sans autre préambule je lui dis qui j'étais, ma position dans l'armée française, la mission dont j'avais été chargé auprès du général Musnier; je lui racontai par quelle fatalité j'avais été abandonné la nuit précédente à Madrilejos, le spectacle horrible dont j'avais été témoin, et la ruse que j'avais employée pour ne pas tomber entre les mains des bandes barbares qui violaient si cruellement les lois de la guerre et de l'humanité, et pour remettre mes armes à un guerrier aussi renommé par sa bravoure que par ses vertus. Et, en disant ces mots, je lui présentai mon épée.

Le général m'écouta avec beaucoup d'attention; quand j'eus fini, il m'adressa différentes questions sur la situation et la composition de la division du général Musnier, que je devais connaître, puisque je faisais partie de l'état-major. Je lui répondis que je n'appartenais à cette division que provisoirement et depuis peu de jours; je lui montrai à l'appui de ce que je disais la commission qui m'avait été délivrée à Madrid, et qui portait la signature du maréchal Moncey. Le portefeuille qui contenait cette pièce en renfermait aussi plusieurs autres propres à constater mon identité; je le laissai à dessein ouvert sur la table du général ; il comprit ma pensée, jeta un coup d'œil sur la suscription de quelques lettres qui m'étaient adressées, ainsi que sur mon brevet d'officier ; puis les repoussant de la main : « Serrez tout cela, capitaine, ajouta-t-il, vous pourrez en avoir besoin plus tard. Vous avez eu une bonne idée de vous fier à moi ; gardez votre épée ; vous êtes mon prisonnier, mais prisonnier sur parole. Cependant j'ai encore une question à vous faire. Parmi les motifs que vous avez donnés pour vous introduire auprès de moi, vous avez dit que vous aviez des renseignements à me communiquer relativement aux mouvements de l'armée française. — Pardon, mon général, répondis-je en rougissant, ceci était une conséquence du rôle que je jouais dès le matin, et n'était pas plus sérieux que la prétendue dépêche de l'alcade de Madrilejos. — Je le conçois ; aussi je n'exigerai rien de ce que vous pourriez croire contraire à la délicatesse et à l'honneur militaire. Ma question est celle-ci : Pensez-vous que l'armée française qui se concentre en ce moment sur Madrid, se propose de défendre cette ville ou de l'abandonner ? Voyez si vous croyez pouvoir y répondre sans manquer à vos devoirs comme Français et comme militaire. »

Après avoir réfléchi quelques instants, je lui répondis : « Général, si j'avais eu hier le malheur d'être fait prisonnier avant d'avoir accompli ma mission, j'aurais mieux aimé perdre la vie que de répondre comme je vais le faire à votre question ; mais aujourd'hui que le mouvement est en pleine voie d'exécution, que vous l'apprendrez au plus tard demain, peut être cette nuit, peut-être dans une heure, je ne veux pas me donner le mérite d'une réserve qui n'a aucune importance, et qui ne peut influer en rien sur vos déterminations ultérieures. L'armée française abandonne Madrid et les deux Castilles; peut-être même se retirera-t-elle jusqu'au delà de l'Èbre. Aujourd'hui même, 30 juillet, le roi Joseph a dû quitter Madrid, et demain le maréchal Moncey le suivra avec tout le reste des troupes.

— Bien, bien, capitaine, reprit Reding. Je suis content de votre réponse et de la manière dont vous me la faites. Je connaissais déjà une partie de ces faits; mais j'étais bien aise d'en entendre la confirmation de votre bouche. Demain nous partons pour Madrid; vous ferez le voyage avec nous : je vais donner des ordres pour que vous soyez traité convenablement. »

Je remerciai vivement le général. « Mais, ajoutai-je, nous sommes deux prisonniers; le hussard cause de mon malheur ne m'en inspire pas moins de l'intérêt, et je désirerais que vous voulussiez bien étendre sur lui votre bienveillance, ce que vous ferez d'autant plus volontiers qu'il y a en quelque sorte des droits, car c'est un de vos compatriotes. — Comment se fait-il alors qu'il serve dans un régiment français? — Rien de plus simple. Il est né Suisse; mais son pays faisant partie de l'évêché de Porentruy, et par conséquent du canton de Berne, a été réuni à la France en 1793. Voilà pourquoi la loi de la conscription l'a atteint et l'a fait entrer dans un régiment français. — Ce que vous me dites là m'intéresse en sa faveur. Je vais donner des ordres pour que vous le gardiez provisoirement comme domestique; plus tard, si les circonstances exigent que vous en soyez séparé, j'aurai soin de lui. »

Après avoir renouvelé mes remercîments au général, je le quittai et j'allai trouver mon hussard, à qui je racontai ce que m'avait dit le général. Il était enchanté, me baisait les mains, et me jurait qu'il ne se séparerait de moi qu'à la mort.

Je n'eus qu'à me louer de la conduite du général Reding à mon égard Ses aides de camp et ses officiers d'état-major, sans doute d'après les ordres du maître, me firent un accueil sympathique. Mon sort eût paru supportable sans la pensée que j'étais prisonnier, et que je ne prévoyais ni quand ni comment je pourrais recouvrer ma liberté.

CHAPITRE IX

Entrée de l'armée espagnole à Madrid. — Joie du peuple de cette capitale. — Je suis envoyé au dépôt de prisonniers à San-Fernando. — Mon hussard devient domestique de Reding. — Situation des prisonniers à San-Fernando. — Leurs occupations. — Précis des événements à cette époque. — Les Français reprennent l'offensive. — Leur marche sur Madrid. — Espérance des prisonniers. — On nous fait partir de San-Fernando. — On nous enlève nos épées. — Arrivée à Leganez. — Départ de cette ville. — Rencontre d'un convoi d'artillerie anglaise. — Bataille de Somo-Sierra. — La junte suprême quitte Aranjuez. — Arrivée de l'empereur devant Madrid. — Cette ville capitule et reconnaît le roi Joseph. — Fuite précipitée de l'armée anglaise. — Arrivée à Noves et à Talaveira — Marches et contre-marches. — On essaie de nous enlever notre argent. — Moyen que j'emploie pour le conserver. — Arrivée à Oropeza. — Belle conduite des soldats anglais envers nous. — Un officier de la garde impériale. — Le *rancho*. — *El Castillo de Piedra Buena*. — On nous fait coucher dans une écurie. — Départ pour Albuquerque. — Séjour dans cette ville. — La messe de Noël dans le château d'Albuquerque. — Visite des dames de cette ville. — Envoi de comestibles et de vins aux prisonniers. — Brusque départ d'Albuquerque.

L'armée espagnole se mit en marche le lendemain, en s'avançant à petites journées. Elle fit son entrée à Madrid le 5 août, par la porte d'Atocha. Le défilé dura depuis six heures du matin jusqu'à midi. Tout le peuple de Madrid s'était rendu à sa rencontre, et l'on se ferait difficilement une idée de la joie délirante qui éclatait de part et d'autre, et qui se manifestait par les cris mille fois répétés de *viva Fernando! viva Castagnos!*

Huit jours de fêtes ne suffirent pas pour célébrer l'arrivée de cette armée; le général Castagnos reçut des habitants de Madrid tous les témoignages de satisfaction et de reconnaissance inspirés par l'enthousiasme patriotique le plus exalté. Les courses de taureaux, les feux d'artifice, les bals, les spectacles, les divertissements de toute espèce se renouvelèrent chaque jour pour célébrer la gloire des armes espagnoles. J'assistai malgré moi à quelques-unes de ces réjouissances, où m'avaient entraîné les officiers d'état-major de Reding; ces fêtes me remplissaient le cœur de tristesse, car j'entendais sans cesse à mes oreilles retentir, au milieu des cris de la joie, des imprécations de fureur et de rage contre les Français. Si j'eusse été reconnu pour officier français par la populace de Madrid, je n'aurais pu éviter le poignard des assassins. Plusieurs soldats, plusieurs personnes même étrangères à l'armée, avaient été massacrés en plein jour, malgré les proclamations de Castagnos, lesquelles menaçaient de punitions sévères ceux qui maltraiteraient les Français prisonniers ou désarmés. Aussi le général Reding blâma ses officiers de l'imprudence qu'ils avaient commise en m'emmenant avec eux, et il me consigna dans mon logement jusqu'à ce qu'on eût décidé sur mon sort.

Cette décision ne se fit pas longtemps attendre. Je fus envoyé à San Fernando, petit village à deux lieues et demie de Madrid, où se trouvait un dépôt de prisonniers de guerre. Avant de partir je demandai une audience au général Reding pour lui faire mes remercîments. Il me dit qu'il regrettait de n'avoir pu mieux me traiter, mais que si j'avais dans la suite quelque réclamation à faire, je pourrais m'adresser à lui avec confiance. Je le remerciai de nouveau, en ajoutant que je n'avais jamais eu la pensée d'être traité autrement que mes camarades, et qu'en me réunissant à eux il me rendait un véritable service. Le général me dit en me quittant qu'il gardait à son service personnel, comme domestique, le hussard qui avait été cause de ma captivité. Je fus content d'apprendre cette résolution de Reding. J'en fis mon compliment à mon jeune hussard quand je le revis. Il me répondit que si on lui eût permis de me suivre, il ne se serait jamais séparé de moi, mais qu'ayant à choisir entre rester prisonnier avec les soldats, ou être domestique d'un général son compatriote, il avait préféré prendre ce dernier parti. Je lui répondis qu'il avait bien fait, et nous nous séparâmes. Je n'ai jamais revu depuis ni Reding, ni son nouveau domestique.

Je trouvai en arrivant à San-Fernando un nombre de prisonniers beaucoup plus considérable que je ne m'y étais attendu. Ils appartenaient à tous les corps de l'armée et à tous les grades, depuis celui de colonel jusqu'au simple soldat. Nous étions logés dans une vaste maison qui servait autrefois de maison de reclusion : c'était le Bicêtre de Madrid. Chaque officier avait une cellule meublée avec une paillasse de deux pouces d'épaisseur, sur laquelle on avait jeté un drap et une couverture. Comme capitaine je recevais cinq réaux (un franc vingt-cinq centimes, par jour; les lieutenants et sous-lieutenants n'avaient que quatre réaux, et les soldats un réal ; tous, officiers et soldats, nous touchions en outre une ration de pain.

La maison était assez vaste : nous avions la jouissance de deux grandes cours et d'un immense jardin où nous pouvions nous promener du matin au soir. Nous étions trente et quelques officiers, qui nous efforcions, par tous les moyens que pouvait nous offrir notre situation, de la rendre supportable. La prison rassemble constamment les personnes qui subissent les mêmes peines; on se connaît mieux que dans le monde; les occasions de se rendre des services se renouvellent à chaque instant; on a plus de facilité pour s'étudier, et bientôt on rencontre des caractères sympathiques, et l'on forme des liaisons plus promptes et plus étroites que dans le monde. C'est ainsi que je rencontrai deux ou trois amis sincères avec qui j'ai conservé des relations intimes autant qu'ils ont vécu, sans parler de plusieurs connaissances agréables, que je ne mettais pas toutefois au rang de mes amis, car je suis peu prodigue de ce nom.

Sans la captivité, dont le poids assez léger à cette époque nous paraissait cependant insupportable, notre existence n'eût pas manqué d'un certain charme. La lecture, l'étude, la conversation, la musique, le jeu de paume, les quilles, la promenade remplissaient nos journées, et y jetaient assez de variété pour en chasser l'ennui; nous nous plaignions pourtant. Hélas! nous n'avions rien vu auprès du triste sort que l'avenir nous préparait.

Une des choses qui nous attristaient le plus, c'était la privation de nouvelles certaines des événements. Nous recevions bien de temps en temps la *Gazette de Madrid*, mais elle ne nous parlait que des triomphes des armées espagnoles et des défaites des Français. Bientôt nous sûmes, par des voies indirectes, que l'armée française avait repris l'offensive, et que Napoléon lui-même était venu se mettre à sa tête. Pendant trois mois que nous restâmes à San-Fernando, nous en fûmes réduits à des conjectures et à des probabilités sur l'état réel des affaires politiques. Voici en résumé ce qui s'était passé pendant ce laps de temps.

Un des premiers effets du départ de Joseph, quand il quitta la capitale, ce fut de permettre aux Espagnols d'organiser un gouvernement et de donner de l'ensemble à la défense. Une junte centrale fut formée de membres envoyés, au nombre de deux, par chacune des juntes des provinces. Elle fut solennellement installée à Aranjuez le 25 septembre 1808.

Les Français, de leur côté, s'appliquèrent à rassembler leurs forces; ils avaient commis une faute énorme en les éparpillant sur tous les points de la Péninsule. Ce fut la cause de leurs revers; mais quand ils se furent concentrés, ils ne tardèrent pas à reprendre l'offensive. Ils furent d'ailleurs renforcés par des troupes nouvelles, qui portèrent leur nombre à deux cent cinquante mille hommes. Des renforts étaient aussi arrivés aux Espagnols; l'armée commandée par la Romana ayant appris au fond du Danemark, où Napoléon l'avait envoyée, les événements de la patrie, avait déserté en masse. Neuf mille hommes des différents corps de cette armée, ayant réussi à gagner l'île de Langeland, furent reçus sur des bâtiments de transport envoyés par l'Angleterre, et débarqués sur les côtes des Asturies. En même temps une armée anglaise, commandée par le général Moore, avait été envoyée dans la Péninsule pour soutenir les insurgés. Mais que pouvaient ces forces réunies contre les troupes impériales, commandées par Napoléon en personne, à l'époque où il jouissait encore de tout le prestige d'un grand capitaine que la victoire n'avait pas encore abandonné?

Le 5 novembre, Napoléon arriva à Vittoria. Le 8, l'armée française reprit Burgos. Deux jours après, elle livra la bataille d'Espinsa, où l'armée de Galice, commandée par le général Blake, et dont faisaient partie les troupes de la Romana, fut battue par les maréchaux Victor et Lefebvre. Le même jour, le maréchal Bessières et le général Lagrange mirent en déroute l'armée de l'Estramadure, aux ordres du général comte de Belveder.

Le 23 novembre, les Français reprenaient l'offensive avec un égal succès sur les bords de l'Èbre et dans l'Aragon. L'armée commandée par Palafox, le courageux défenseur de Saragosse, fut attaquée et battue près de Tudela, tandis qu'à quatre lieues de là, à Casianta, l'armée de Castagnos était aussi mise en déroute. Palafox se retira sur Saragosse, où il alla soutenir un second siége, plus long, plus meurtrier que le premier, un de ces siéges qui font époque dans l'histoire, et où, tout en succombant, les vaincus ont fait admirer leur courage, leur persévérance et leur héroïsme. Castagnos reprit le chemin de l'Andalousie.

L'armée française était donc en pleine marche sur Madrid. Nos gardiens ne nous disaient rien; mais nous pouvions juger à leur abattement des progrès de nos troupes. Un jour nous entendîmes le bruit du canon; ce fut un instant de délire parmi nous. *Ascoltate come crescendo va,* me disait un officier italien; et tous, l'oreille contre terre, nous écoutions avidement ce signal de joie et d'espérance. Chaque coup nous faisait tressaillir de bonheur, tandis qu'il frappait de terreur nos gardiens alarmés. Déjà nous nous livrions aux rêves les plus flatteurs. Il était évident que Madrid allait être occupé par les Français; dans leur précipitation à fuir, les autorités espagnoles ne penseraient guère à cinq à six cents prisonniers, qui seraient même pour eux un embarras dans leur fuite. D'ailleurs nous n'étions pas sur la route qu'ils devaient suivre dans leur retraite, et peut-être un détachement français apparaîtrait-il d'un jour à l'autre à San-Fernando et viendrait briser nos fers. Mais ces rêves ne furent pas longs, et un pénible réveil vint bientôt les dissiper.

Le 28 novembre, à six heures du matin, trois compagnies du deuxième régiment de volontaires de Madrid arrivèrent dans notre prison. Un commissaire des guerres passa en revue les prisonniers, les partagea en trois détachements, et annonça leur départ dans l'ordre suivant :

Le premier partira le même jour à quatre heures du soir, le second pendant la nuit, et le troisième le lendemain matin. Je fus désigné pour faire partie du deuxième convoi, avec dix autres officiers et cent cinquante soldats. Nous avions pour escorte une compagnie entière; le ton affable du capitaine qui la commandait nous fit bien augurer de la conduite des soldats.

Il était deux heures du matin quand nous quittâmes San-Fernando. Malgré l'affabilité de notre chef d'escorte, ce fut avec un vif regret que nous nous éloignâmes de cette résidence, au moment où nous comptions sur l'arrivée des Français. Nous avions cru un instant toucher au terme de notre captivité, et maintenant nous la voyions se prolonger d'une manière indéfinie. Une circonstance vint encore ajouter à notre mécontentement : jusque-là on nous avait laissé nos épées; après la revue, le commissaire en exigea la remise. Ces armes eussent été sans doute peu capables de nous défendre contre une attaque sérieuse; mais, par une sorte de courtoisie usitée entre les nations européennes, on laisse toujours leurs épées aux officiers prisonniers; nous les enlever était donc un manque d'égards, une insulte gratuite, qui nous faisait tristement augurer de l'avenir. On nous permit, il est vrai, d'emporter nos effets, notre argent, nos bijoux; mais puisqu'un commissaire s'était permis de nous désarmer, un autre pourrait fort bien nous dévaliser.

Notre troupe passa devant Madrid à sept heures du matin. Nous marchâmes toute la journée par des chemins détournés, et nous n'arrivâmes que le soir à Leganez, où nous devions coucher. En approchant de ce village, qui n'est qu'à onze kilomètres de Madrid, les habitants nous accueillirent à coups de pierres, et nous accompagnèrent, en nous menaçant du poignard, jusqu'à la porte de la caserne qui nous servit de prison. Notre escorte en défendit l'entrée aux assaillants, qui se contentèrent de jeter des pierres aux fenêtres.

Le 30 novembre, nous partîmes de Leganez de grand matin; les habitants nous reconduisirent jusqu'à un quart de lieue, avec la même politesse qu'ils avaient mise à nous recevoir. A Alamo, où nous allâmes coucher, ce fut le même accueil qu'à Leganez. Le lendemain, à une lieue d'Alamo, nous entendîmes distinctement le canon; le son augmentait à mesure que nous avancions, et donnait à nos gardiens autant de frayeur qu'il nous causait de joie. Peu de temps après, un bruit de chevaux et de voitures très-rapproché frappa notre oreille. Un brouillard épais empêchait de voir ce que c'était; bientôt la brume s'étant un peu dissipée, nous aperçûmes une douzaine de caissons d'artillerie et de fourgons. Le capitaine de notre escorte, *el senor* don Palacio, fit faire halte, et s'avança pour aller à la découverte. Pendant ce temps plusieurs de ses soldats, craignant de tomber entre les mains des Français, embrassaient nos genoux et nous suppliaient de leur sauver la vie. Mais quand le capitaine, de retour, eut annoncé que les caissons appartenaient aux Anglais, ces mêmes soldats, honteux de leur méprise, et de s'être abaissés jusqu'à implorer notre protection, se relevèrent furieux, et se montrèrent désormais les plus insolents de la compagnie.

Voici comment ces Anglais se trouvaient sur notre passage. L'empereur, comme nous l'avons dit, poursuivait rapidement sa marche sur Madrid. L'armée ennemie s'était retranchée à Somo-Sierra, position d'un accès extrêmement difficile, et qui forme un de ces passages étroits que l'on rencontre dans les montagnes qui séparent la Vieille-Castille de la Nouvelle. Celui-ci se nomme *Puerto* de Somo-Sierra. Il était défendu par quinze pièces de canon, et par une nombreuse infanterie qui couronnait la crête des montagnes dans lesquelles s'ouvre la vallée. L'empereur fit attaquer immédiatement cette position, qui paraissait inaccessible; les quinze pièces de canon furent enlevées par les lanciers polonais, qui prirent le galop au moment où la batterie fit feu, et ne lui donnèrent pas le temps de tirer une seconde fois. Cette charge audacieuse, exécutée sous les yeux de l'empereur, décida le succès de la journée. Le passage fut forcé, et l'ennemi s'enfuit dans toutes les directions.

La bataille de Somo-Sierra avait été livrée le 29 novembre. Le même jour, l'empereur vint coucher à Buitrago, à dix lieues de Madrid. Le 30, les avant-postes français parurent aux environs de Madrid. Le 1er décembre, la junte générale du gouvernement, effrayée, quitta Aranjuez, et se retira en toute hâte à Talaveira-de-la-Reina. Le 2 décembre, la tente de l'empereur était plantée sous les murs de Madrid. Le 3, l'armée française attaqua Madrid, que les habitants voulaient défendre; elle s'empara du *Retiro;* la ville capitula le 4, et reconnut le roi Joseph.

La marche de l'armée française avait été si rapide, que la population de Madrid avait ignoré le mauvais état des affaires jusqu'au moment où elle apprit l'arrivée de Napoléon aux portes de la capitale. L'armée française n'étant pas assez nombreuse pour cerner la ville, une partie de la population ainsi que les milices andalouses, qui formaient la garnison, sortirent dans la nuit par la porte d'Aranjuez. L'armée anglaise, qui n'avait pas combattu, en apprenant les événements se retira en toute hâte sur la Galice, pour se rembarquer à la Corogne. Elle avait poussé des détachements jusqu'aux portes de Madrid, et le convoi d'artillerie que nous avions rencontré faisait partie d'un de ces détachements, fuyant maintenant vers la Corogne. C'était surtout l'armée anglaise que Napoléon avait à cœur d'atteindre, et il la faisait poursuivre avec vivacité. Notre détachement longeait à peu de distance l'armée française, puisqu'en partant d'Alamo nous avions entendu le canon assez rapproché de nous. Il n'aurait fallu qu'une petite reconnaissance envoyée sur la gauche pour nous délivrer. Malheureusement les Français, occupés de la poursuite de l'ennemi, ne se doutaient pas qu'ils avaient près d'eux d'infortunés compatriotes, qu'il leur eût été facile de rendre à la liberté.

Nous arrivâmes devant Noves à dix heures du matin; le brouillard avait disparu; l'apparition d'une troupe armée, dont les fusils réfléchissaient au loin les rayons du soleil, fit croire aux habitants que nous étions un bataillon français. Tout le monde prit la fuite, et don Palacio fut obligé de leur envoyer un parlementaire pour les rassurer. Les paysans revinrent sur leurs pas, avec l'intention de nous égorger, pour nous punir de la terreur panique que nous leur avions inspirée. Notre escorte les en empêcha, et Palacio fit faire halte à quelque distance du village, pendant que des soldats allaient nous chercher du pain. On s'arrêta le soir je ne sais où; le 3, on partit avant le jour; nous devions coucher à Talaveira-de-la-Reina; on pressa la marche, et nous étions à midi aux portes de cette ville. Comme elle était beaucoup plus considérable que celles que nous avions traversées, elle présentait aussi plus de dangers pour nous. Les habitants ne se bornèrent pas à nous insulter, ils vinrent à notre rencontre armés de sabres, de baïonnettes et de poignards. Palacio se conduisit fort bien; il fit charger les armes, et menaça de faire feu sur les agresseurs. Le capitaine ne voulut point s'arrêter à Talaveira, où sa vie et la nôtre étaient trop exposées. Nous poursuivîmes notre route jusqu'à un village situé deux lieues plus loin.

Du 4 au 11 décembre, nous fîmes des marches et des contre-marches continuelles, motivées par le voisinage de l'armée française; ces mouvements nous faisaient espérer qu'on avait l'intention de nous échanger, ou de nous rendre. Les malheureux pensent toujours que l'on s'occupe d'eux : c'est une consolation qu'il faut leur laisser; les détromper serait souvent les désespérer.

Le 12 décembre, nous nous trouvions dans un village nommé Aldea-Lovispo avec le premier détachement parti quelques heures avant nous de San-Fernando. Les officiers de notre garde, réunis à ceux du premier détachement, appelèrent mes camarades l'un après l'autre et les firent passer dans une pièce voisine. Palacio n'y était pas; là, son lieutenant leur dit qu'il fallait remettre entre ses mains tout l'argent et les bijoux dont ils étaient porteurs; que ce n'était pas dans l'intention de nous en priver, mais bien pour les soustraire au pillage ou au vol dont nous risquerions d'être victimes si nous gardions sur nous des valeurs en or ou en argent. Cette mesure avait déjà été exécutée par les officiers du premier détachement, ainsi que pouvaient nous le déclarer nos camarades. Mes camarades, peu flattés de confier leurs bourses à de tels dépositaires, comme ils avaient entendu certains bruits précurseurs de ce qui arrivait en ce moment, m'avaient tous chargé de leur petit trésor. Ils avaient remarqué que je jouissais auprès des officiers de l'escorte, et surtout de Palacio, d'une certaine considération qu'ils ne montraient pas aux autres officiers; d'où ils avaient conclu que si quelqu'un devait être exempt de l'avanie dont nous étions menacés, ce serait sûrement moi. Ils ne se trompèrent pas; tous, après avoir répondu qu'ils n'avaient pas d'argent, furent fouillés d'une manière indécente, et cette opération insultante fut accompagnée d'injures et de plaisanteries grossières. Je fus appelé à mon tour; mes camarades crurent cette fois que je subirais comme eux la même avanie. Le lieutenant m'adressa la même question, en l'accompagnant des mêmes motifs qu'il avait donnés à mes camarades. Je répondis que je m'étonnais beaucoup que, depuis quatorze jours que nous étions en marche, on s'avisât seulement d'une mesure qui eût dû être prise à notre départ, et qui certes eût été moins humiliante que celle de nous faire rendre nos épées; mais que ce qui m'étonnait davantage, c'est qu'on y eût songé précisément pendant l'absence du chef de l'escorte, don Palacio, qui seul aurait dû nous faire part d'une décision de cette nature. « Je ne répondrai donc pas à votre question, ajoutai-je; si vous voulez me fouiller, comme vous avez la force en main, vous en êtes les maîtres; mais je proteste d'avance contre un acte indigne d'officiers, et surtout d'officiers castillans. »

J'avais mis beaucoup de calme dans ma réponse, et je vis qu'elle avait frappé juste. Le lieutenant, presque honteux, me dit que je m'étais mépris sans doute sur leurs intentions; que, dès l'instant qu'elles n'étaient pas comprises, il n'insisterait pas davantage. — Un instant après on se remit en marche, et le magot fut sauvé pour cette fois.

Le 14 décembre, nous arrivâmes à Oropeza, où nous aperçûmes plusieurs soldats anglais parmi les curieux accourus sur notre passage. A mesure que nous avancions, le nombre des habits rouges augmentait. Je tremblais qu'on ne nous remît entre leurs mains; on nous en avait déjà menacés. Cependant nous remarquâmes que, loin de nous jeter des pierres ou de nous dire des injures comme les Espagnols, ils nous regardaient d'un air de compassion touchante.

On nous enferma dans le vestibule de la prison. Quatre murs enfumés, deux portes armées d'énormes verrous et de cadenas, furent les seuls objets qui frappèrent notre vue. Le mobilier de cet appartement se composait d'une longue pierre destinée à nous servir de table, de siége et d'oreiller. Une fenêtre grillée éclairait cet agréable séjour; mais elle donnait sur la rue, et c'était par là que les notables du pays nous attaquaient à coups de pierres; ils étaient sûrs de ne pas nous manquer, et ils ne craignaient point la riposte. Tandis qu'ils s'amusaient à ce noble exercice, un officier anglais suivi de deux soldats se présente, écarte la foule en distribuant à droite et à gauche quelques coups de poing, et pénètre jusqu'à nous. L'officier parlait un peu français et assez mal espagnol; les soldats parlaient espagnol; le premier demanda s'il y avait quelques officiers français parmi nous; nous lui répondîmes, et il nous serra à chacun la main, tandis que ses soldats fraternisaient aussi avec les nôtres. Ce n'était plus ce langage grossier, ce rire moqueur, ces plaisanteries atroces dont nous poursuivaient les Espagnols; c'était l'expression des sentiments généreux de l'homme qui comprend les devoirs de l'humanité. Sur un signe que fit l'officier, plusieurs autres soldats anglais s'approchèrent de notre prison et prirent part à la conversation; puis tout à coup un certain nombre d'entre eux s'éloignèrent et revinrent bientôt après avec leur souper, qu'ils partagèrent avec nos soldats. Cette heureuse intervention fit suspendre toute espèce d'hostilité de la part de la population.

Le lendemain, avant de partir, nous vîmes arriver sur la place un officier de la garde impériale conduit par une douzaine de guerrilleros. On nous permit de causer avec lui. Cet officier venait d'être pris à l'Escurial ; il nous donna des renseignements exacts sur la position des armées. Nous l'invitâmes à manger sa part d'un triste *rancho*, qu'il accepta de grand cœur, car il était littéralement affamé.

Puisque je viens de parler du rancho, mes lecteurs ne seront peut-être pas fâchés de connaître en quoi consiste ce mets, qu'on nous donnait toutes les fois que nous pouvions le payer. Le rancho est le repas ordinaire des soldats à la gamelle. Le nôtre se composait de feuilles de chou et de laitue, de pommes de terre coupées en quatre sans être lavées ni pelées, et de quelques poignées de *garbanzos*, espèce de pois chiches ; le tout cuit à gros bouillon dans un chaudron plein d'eau, et assaisonné avec du sel et du piment rouge. Le caporal qui allait en avant se chargeait de nous préparer le rancho, moyennant quatre réaux que chacun lui remettait exactement tous les jours. Il y trouvait son profit, et nous épargnait la peine d'acheter des comestibles et de les faire cuire, chose que notre position eût rendue très-difficile, pour ne pas dire impossible.

Après avoir marché toute la journée, avec la pluie sur le corps, dans des chemins affreux, nous arrivâmes, à neuf heures du soir, devant la porte du *castillo de Piedra-Buena*. On frappa à coups redoublés ; nous attendîmes longtemps sans qu'on daignât nous répondre. Enfin les créneaux du château furent éclairés par une lueur qui semblait venir de la cour ; un moment après la porte s'ouvrit : nos soldats allaient l'enfoncer à coups de crosses de fusil. J'étais curieux de voir les habitants de cet antique manoir, quand un vieil hidalgo, grand, maigre, sec, armé d'une longue rapière, se présenta devant nous. Si j'avais cru retrouver Sancho Pança dans l'alcade de Madrilejos, je devais à bien plus de titres reconnaître son maître dans le châtelain du castillo de Piedra-Buena : c'était bien le héros de Cervantès, mais à l'âge de quatre-vingts ans. Il était suivi d'une vieille femme, beaucoup plus petite que lui, mais non moins sèche, et peut-être plus ridée. Ce couple décrépit était accompagné de deux enfants; l'un portait dans sa main une poignée de joncs allumés, de l'espèce appelée *esparto,* dont on fait, dans certaines parties de l'Espagne, des cordes à puits et des chapeaux de sparterie, et dont on se sert aussi en guise de flambeaux ou de torches, comme nous le voyions ici. L'autre enfant tenait sous son bras un fagot de la même plante, en tirait de temps en temps une poignée, qu'il allumait pour la substituer à celle qui était près de s'éteindre. Ce fut à l'aide de cet éclairage primitif que nous fîmes notre entrée dans le castel.

Après avoir parcouru des voûtes sombres tapissées de toiles d'araignées, nous nous trouvâmes dans une vaste cour : on nous y parqua pendant une heure. Le capitaine Palacio, le châtelain et la vieille, précédés par les deux enfants, qui faisaient l'office d'éclaireurs, parcouraient le château pour y trouver un coin qui pût nous servir de dortoir. Palacio désigna une salle basse qui paraissait convenable pour nous loger; mais, d'après le conseil de la vieille, l'hidalgo proposa une écurie où, dit-il, nous serions beaucoup mieux.

Cet avis prévalut, et l'on nous conduisit dans une étable d'où l'on fit sortir devant nous vingt-six cochons, trois ânes, deux mulets et une jument; ces animaux furent conduits dans la salle basse que le capitaine avait indiquée, et on nous fit prendre leur place dans l'écurie. Ce n'était pas dans notre intérêt que cet arrangement avait été pris. Nous eussions été moins mal dans la salle basse dont j'ai parlé, et les animaux eussent été beaucoup mieux sur leur litière puante que sur les dalles ou le pavé nu de cette salle. Mais le digne châtelain aurait craint de souiller les appartements de son castel en y admettant des gens de notre espèce, et il jugea que l'écurie était le seul endroit convenable pour nous recevoir. Nous aurions enduré patiemment cette humiliation si nous avions eu de quoi manger; mais nous n'eûmes pour souper qu'un morceau de pain réservé sur la ration de la veille; puis nous nous accommodâmes du mieux qu'il nous fut possible pour ne pas être trop souillés par les ordures qui remplissaient l'étable, et le sommeil ne tarda pas à nous faire oublier un instant nos souffrances.

La gaieté n'abandonne jamais les Français dans les situations les plus tristes. A notre réveil, ce fut un feu roulant de quolibets et de plaisanteries sur notre hôte et sur la manière dont il avait exercé l'hospitalité envers nous; nous nous demandions si, dans nos rêves de châteaux en Espagne, nous en avions jamais imaginé un plus brillant que celui de Piedra-Buena. Enfin il fallut songer au départ. Ce jour-là nous n'eûmes point de rancho, et il fallut nous contenter pour notre déjeuner de quelques poignées de glands doux que les deux enfants nous vendirent fort cher.

Au moment où nous allions nous mettre en route pour Albuquerque, un messager envoyé par quelques notables habitants de cette ville prévint Palacio que la populace avait formé le projet de nous assassiner. Le capitaine différa notre départ jusqu'au soir, afin de n'arriver dans cette ville que pendant la nuit. Malgré cette précaution, qui probablement nous sauva la vie, nous rencontrâmes un certain nombre de paysans qui nous adressèrent les insultes accoutumées; mais ils étaient trop peu nombreux pour tenter de forcer notre escorte. Afin de nous mettre plus sûrement à l'abri de la fureur du peuple, on nous logea dans la plus haute tour de la citadelle. Là, du moins, nous respirions un air pur; les rayons du soleil pénétraient à travers les barreaux de notre fenêtre, que ne pouvaient atteindre les projectiles lancés par la foule. Palacio nous annonça que nous séjournerions quelque temps à Albuquerque; nous apprîmes avec plaisir cette nouvelle, qui nous promettait enfin un peu de repos. Nous fîmes aussitôt nos arrangements pour notre séjour. Le geôlier se chargea de faire notre rancho; moins voleur et meilleur cuisinier que notre caporal, il nous nourrit mieux et à meilleur marché. Ajoutons que ce geôlier nous amusait quelquefois par sa burlesque originalité.

C'était l'époque des fêtes de Noël. Le jour de cette solennité on nous permit d'entendre la messe dans la chapelle du château. Quelle fut notre surprise, en entrant dans cette gothique chapelle, de la trouver envahie par une foule d'hommes et de femmes élégamment vêtus! C'étaient les notables, hidalgos et bourgeois d'Albuquerque, avec leurs femmes, leurs filles ou leurs sœurs, que la curiosité avait attirés pour voir de près les prisonniers français. L'office se passa dans un recueillement convenable; mais à peine le dernier *amen* eut-il été prononcé, que cette foule sortit bruyamment et se rangea sur la plate-forme en dehors de la chapelle, pour nous voir passer. Toutes ces figures ne respiraient plus cette haine farouche, ce mépris insultant auquel nous étions depuis si longtemps accoutumés; tous, sans doute, par esprit de patriotisme, se réjouissaient de la cause de nos malheurs; mais tous semblaient prendre pitié de notre sort. En peu d'instants la conversation s'engagea; les dames surtout nous adressaient une infinité de questions, auxquelles nous nous empressions de répondre. On se promenait sur la plate-forme, on écoutait nos récits avec intérêt. La pitié, l'attendrissement se peignaient sur les traits de nos aimables visiteuses, et souvent un *Jesus, qué lastima !* (Jésus, quelle pitié!) suivi d'un soupir et même d'une larme, interrompait la conversation. Les hommes n'y prenaient presque aucune part; ils se promenaient silencieusement en fumant leurs cigaretos, sans paraître faire beaucoup d'attention au babillage de leurs compagnes. Enfin, après deux heures qui nous parurent bien courtes, on donna le signal du départ; nos visiteurs s'éloignèrent; nos regards les suivirent du haut de la tour jusqu'à ce qu'ils eussent traversé la place de la citadelle, et qu'ils eussent disparu à nos regards dans les rues de la ville.

Il faut avoir enduré toutes les souffrances, toutes les privations, toutes les misères, toutes les humiliations auxquelles nous étions soumis depuis vingt-huit jours pour comprendre tout ce que nous firent éprouver de soulagement la vue et les paroles de ces âmes compatissantes. Pour moi, mon cœur débordait; je rentrai dans la chapelle, et j'adressai à Dieu une fervente prière d'action de grâces. Jamais, depuis cette époque, je n'ai oublié le jour de Noël 1808.

Nos charitables visiteuses ne bornèrent pas à de vaines paroles les témoignages de leur compassion pour nos souffrances. Le lendemain matin, un domestique arriva portant une énorme corbeille pleine de provisions. Il était chargé de nous dire de la part de ses maîtres que, n'ayant pu nous inviter à assister au repas de réjouissance pour la fête, ils avaient voulu nous y faire participer autant qu'il était en leur pouvoir. La corbeille contenait de beaux pains blancs, des jambons, des volailles froides, des vins choisis de Xérès et de Malaga, puis des confitures, des biscuits, du chocolat, et autres friandises qui annonçaient que des mains féminines avaient présidé au choix de ces comestibles. Un paquet de cigares de la Havane nous faisait juger que les maris n'étaient pas restés étrangers à cette galanterie. Deux ou trois autres envois du même genre, venant de différentes personnes, se succédèrent dans la même journée. Grâce à ces largesses, tout le convoi, officiers et soldats, put profiter de cette bonne aubaine, et se refaire un peu l'estomac, délabré par le besoin ou par l'usage des mets les plus rebutants.

Nous avions espéré que cette bonne journée ne serait pas la seule. Mais, hélas! dès le lendemain 27 décembre, au premier rayon de l'aurore, un sergent entra d'un air tout effaré dans notre chambre, nous annonçant qu'il fallait partir à l'instant. Nous apprîmes plus tard que ce départ précipité avait été motivé par l'apparition d'une reconnaissance de cavalerie française qui, pendant la nuit, était venue jusqu'aux portes de la ville. Nos préparatifs furent bientôt faits; un quart d'heure après nous marchions sur la route de Codocéa.

Pendant toute cette journée nous ne cessâmes de nous entretenir des généreux habitants d'Albuquerque, qui les premiers avaient eu le courage de braver l'opinion publique pour nous donner des témoignages de sympathie, et chercher à adoucir les souffrances de notre captivité. Nous regrettions bien sincèrement qu'il ne nous eût pas été permis de leur témoigner notre reconnaissance; nous ne pouvions qu'adresser à Dieu des vœux pour nos bienfaiteurs : c'était le seul moyen que nous avions de prouver notre gratitude.

CHAPITRE X

Arrivée à Codocéa. — La femme compatissante. — Entrée en Portugal. — Le commandant d'Elvas. — Séjour à Grumegna. — Rentrée en Espagne. — Menaces des habitants d'Olivença. — Danger auquel nous sommes exposés dans un village. — Effet produit sur les habitants par la vue de mon scapulaire. — Bon accueil des habitants d'Oliva. — Séjour à Frejenal. — Don Bartholomé Velasco. — Sa belle conduite envers les prisonniers. — Je tombe malade. — Soins que me donne Velasco. — État horrible auquel je suis réduit. — Départ de Palacio et des autres prisonniers. — On me laisse seul à Frejenal. — J'entre en convalescence. — Départ de Frejenal. — Difficulté de soutenir les fatigues de la route. — Un verre d'eau pour l'amour de Dieu! — Séjour à Santa-Olalla. — La prison. — L'hôpital. — Départ de Santa-Olalla. — Le chef de *guerrilleros*. — Notre arrivée à Camas. — On nous prend notre argent et nos meilleurs vêtements. — Arrivée à Saint-Jean-d'Alfarache. — On vend ma montre et on m'appelle pour en connaître la valeur. — Nous nous embarquons sur le Guadalquivir. — Le sergent vole nos chapeaux. — Arrivée à San-Lucar de Barameda. — Je retrouve mes anciens camarades. — Le gouverneur de San-Lucar nous fait rendre nos effets volés. — Arrivée aux pontons.

Nous arrivâmes dans l'après-midi à Codocéa; on nous laissa quelque temps au milieu d'une rue pendant qu'on allait chercher les clefs de la prison, ou pour donner aux habitants le plaisir de nous voir et de nous insulter à leur aise. Je n'aimais pas à servir de spectacle aux passants, comme une bête curieuse; leurs grossières plaisanteries étaient un supplice pour moi; je m'y dérobai en entrant dans une maison où je m'installai bravement près du foyer. La maîtresse de la maison était sortie pour voir les prisonniers; elle rentra : ses yeux étaient mouillés de pleurs. Voyant qu'elle me pardonnait la liberté que j'avais prise de me chauffer à sa cheminée, j'eus la hardiesse de lui demander un verre d'eau; elle me donna du vin en pleurant à chaudes larmes, et m'offrit tout ce qu'elle pouvait avoir dans sa maison. Surpris d'un procédé si noble et qui contrastait si fort avec la conduite de ses compatriotes, je voulus connaître la cause de sa douleur. « Hélas! me dit-elle, j'avais un fils dans l'armée espagnole, il est maintenant prisonnier de guerre en France; je vous vois si malheureux, si misérable, que la seule idée que mon fils peut l'être autant que vous me fera mourir de chagrin. Acceptez, je vous supplie, acceptez de trop faibles secours; je suis si heureuse de pouvoir vous les offrir! Puisse quelque âme charitable rendre à mon fils ce que je fais pour vous! »

Je me contentai d'une orange et d'un peu de pain. Après avoir remercié cette femme, je lui dis : « Votre fils est malheureux sans doute, puisqu'il est prisonnier, mais rassurez-vous, sa vie n'est point en danger; il n'est pas exposé aux humiliations que nous endurons ici; on ne l'a point enfermé dans une prison, je vous en donne l'assurance, et vous devez me croire. Il lui est permis de travailler s'il a un état, un métier; s'il n'en a point, il trouvera des âmes charitables qui lui donneront du pain au besoin. Les Français ne sont pas... » Un coup de crosse dans les reins m'interrompit au milieu de cette phrase, et m'avertit qu'il fallait suivre mes camarades, qui prenaient le chemin de la prison.

Le 29, on coucha à Campo-Mayor, place forte sur la frontière du Portugal. Nous allions entrer dans ce pays. Le matin, avant notre départ, un chef de bataillon portugais se présenta à notre prison pour nous inspecter; cette opération terminée, nous nous mîmes en route, et bientôt nous arrivâmes sous les murs d'Elvas, ville très-forte de Portugal. Le peuple furieux se présenta sur la route pour nous égorger. Notre garde ne pouvait nous défendre, et courait autant de danger que nous, car les Portugais détestent les Espagnols; il est vrai de dire que ceux-ci le leur rendent bien. Pour éviter un conflit qui semblait imminent, le commandant de la forteresse ne trouva rien de mieux que de faire pointer sur la populace des pièces d'artillerie chargées à mitraille. Elle se retira aussitôt, fort heureusement pour nous; car, si elle eût par son obstination forcé le commandant à exécuter sa menace, nous en aurions ressenti les effets comme les assaillants eux-mêmes, et Portugais, Espagnols et Français, nous eussions été tous également mitraillés.

Nous arrivâmes le soir à Grumegna, où nous séjournâmes. Nous devions quitter cette ville le 1er janvier 1809, et traverser la Guadiana pour rentrer en Espagne, car ce fleuve sert de limite aux deux royaumes; mais ce jour-là le temps était si mauvais et les flots si agités, que le passage eût été extrêmement dangereux. Notre capitaine n'osa le tenter, et, à son grand regret, il se vit forcé de prolonger notre séjour à Grumegna; car il n'aimait pas les Portugais, et depuis notre entrée en Portugal il ne cessait de se plaindre « de cette nation inhospitalière pour les étrangers, et surtout pour vous autres prisonniers, » nous disait-il; puis il ne manquait pas d'ajouter à ces récriminations un éloge flatteur des Espagnols. Nous n'osions pas le contredire; mais comme nous savions parfaitement à quoi nous en tenir, nous ne faisions *in petto* aucune différence entre les uns et les autres.

Enfin, le 2 janvier, la tempête s'apaisa, et nous passâmes la rivière sans accident. Don Palacio semblait respirer à son aise en foulant la terre d'Espagne; mais à peine étions-nous en marche dans la direction d'Olivença, que, pour donner en quelque sorte un démenti à ses éloges sur l'hospitalité des Espagnols, on vint lui annoncer que les habitants d'Olivença refusaient de nous recevoir, que toutes les portes de la ville étaient fermées, à l'exception d'une seule garnie de quatre canons prêts à tirer sur nous, si nous osions nous y présenter. Le capitaine vira de bord ; il nous fit faire un grand détour à travers champs, pour aller prendre une autre route et nous diriger sur un autre point. Nous marchâmes toute la journée, et pendant plus de quatre heures de nuit. Enfin, vers les dix heures, don Palacio nous fit entrer dans une maison placée sur la route. Par ses ordres on nous distribua du pain et du vin pour notre argent, et pendant que nous dévorions ce modeste repas, il ne cessait de nous répéter d'un air de triomphe et de satisfaction : « On voit bien que nous sommes en Espagne ! » Puis il fit apporter deux bottes de paille pour notre coucher, et tandis qu'on les étalait sur les dalles humides, il continuait la même exclamation avec une légère variante : « On voit bien que nous ne sommes plus en Portugal ! » C'était, il faut en convenir, un excellent patriote que notre capitaine. Mais la bonne opinion qu'il avait de ses concitoyens faillit bientôt encore recevoir un cruel démenti.

Le lendemain on s'arrêta dans un petit village, à quatre lieues de là. Nous fûmes assaillis, selon l'usage, par la canaille du lieu. Les rues étaient pleines ; il y avait du monde aux fenêtres, sur les toits et même au clocher. On nous déposa dans une salle basse dont les fenêtres donnaient sur la rue. La populace se pressa autour des fenêtres ; ils s'étouffaient, ils escaladaient les murs, ils montaient les uns sur les autres pour nous voir, nous huer et nous jeter des pierres. Il n'y avait aucun moyen de se dérober à ces attaques ; nous étions en quelque sorte attachés au carcan ; il fallait tout endurer sans se plaindre. Après les pierres et la boue, les poignards se montrèrent, et j'avoue que je les vis sans effroi. Ces horribles traitements peuvent être supportés dix, vingt fois avec résignation; mais il arrive un instant où l'esprit se révolte, la crainte de la mort disparaît, et l'excès de l'exaspération vous ôte toute prudence. Tel fut l'effet que produisit sur moi cette scène; quand je vis les poignards levés sur nous, transporté par le désespoir, je me rapprochai de manière à pouvoir être frappé facilement, et découvrant ma poitrine, je m'écriai : « Frappez, brigands, et que cela finisse. »

Je m'attendais à recevoir à l'instant plusieurs coups de poignard, quand aussitôt toutes ces armes disparurent; chacun déposa les pierres qu'il nous destinait, et un grand nombre de voix répétèrent : « Ils sont chrétiens! ils sont chrétiens! Amis, il ne faut pas leur faire de mal. »

Étonné de ce changement subit, j'en demandai la cause à celui qui se trouvait le plus rapproché de moi, et qui, après s'être montré un des plus acharnés contre nous, avait été le premier à donner l'exemple du retour à une attitude pacifique et même bienveillante. « Tous les Français, me répondit-il, du moins nous le pensions jusqu'ici, sont hérétiques, juifs ou sans aucune religion, ne croyant ni à Dieu, ni à ses saints : ce serait donc faire une œuvre méritoire que d'en débarrasser la terre; mais nous voyons bien qu'il y a des exceptions, et que vous, entre autres, vous êtes non-seulement bon chrétien, mais encore catholique zélé. — Oui, sans doute, je suis catholique, et je m'en fais gloire; mais comment le savez-vous? — Par le signe que vous portez. » C'était le scapulaire de dona Teresa de Morillejos, que je n'avais point quitté depuis ma séparation de cette excellente dame et de son mari, et que j'avais mis à découvert en ouvrant mon habit pour offrir ma poitrine nue aux coups des assassins. Cet événement fit sur moi une impression profonde; je rougis de mon emportement, et je remerciai Dieu de m'avoir préservé de la mort par l'effet de ce signe de dévotion consacré à sa sainte Mère. Dès lors mon scapulaire me devint plus que jamais précieux, et comme souvenir de l'amitié d'une sainte personne, et comme gage de la protection toute-puissante de la Mère de miséricorde.

Les paysans, désarmés en apprenant que nous étions catholiques, s'empressèrent de réparer leurs torts et de manifester pour nous autant de complaisance et d'égards qu'ils avaient d'abord témoigné de haine et de fureur. Nous manquions de paille et d'eau; ils se hâtèrent de nous en fournir, et se montrèrent prévenants tout le temps de notre séjour parmi eux.

Le fait que je viens de raconter offre un trait particulier du caractère du peuple espagnol. Pour les bourgeois, pour les nobles, pour les habitants des villes, nous étions des ennemis politiques, des soutiens d'un usurpateur étranger que nous voulions imposer à la place du souverain légitime; mais pour le peuple, nous étions avant tout les ennemis de sa religion : c'était du moins ce que ne cessaient de lui faire entendre ceux qui le poussaient à l'insurrection. Un changement purement dynastique l'aurait peut-être moins touché; il aurait pu dire comme l'âne de la fable, qui s'inquiétait peu d'appartenir à son maître légitime ou à des voleurs :

> Me fera-t-on porter double bât, double charge?

Mais dès l'instant qu'il croyait sa religion menacée par des hérétiques, des païens sans foi ni loi, comme on nous représentait à ses yeux, tout lui semblait permis contre de pareils adversaires. Une fois détrompé, il revenait à des sentiments humains, et était tout disposé à soulager des coreligionnaires malheureux.

Le bruit de ce qui s'était passé dans le petit village où nous avions couché s'était répandu au loin, et nous avait précédés à Oliva. Aussi, quand nous arrivâmes dans cette petite ville, nous fûmes, comme partout, entourés de curieux; mais plus d'injures, plus de menaces; des regards bienveillants, des figures où se peignait la compassion, nous accueillirent dès notre entrée. De nombreux visiteurs vinrent ensuite dans notre prison nous apporter des paroles de consolation; quelques-uns même y joignirent de petits présents plus agréables encore, du pain blanc, du chocolat, du vin. Le curé donna l'exemple, en nous envoyant une outre pleine d'excellent vin. Plusieurs de ses paroissiens l'imitèrent, et nous nous crûmes un instant à Albuquerque.

D'Oliva nous nous rendîmes à Frejenal, où l'on nous annonça que nous resterions quinze jours. On nous logea dans la chambre du geôlier; nous y trouvâmes un bon feu en arrivant. « On voit bien que nous sommes en Espagne! » ne manqua pas de s'écrier l'honnête Palacio. Cette fois nous étions de son avis, car ce bon feu se trouvait là fort à propos pour nous sécher un peu, après une longue journée de marche par des chemins affreux et une pluie glaciale. Dès le lendemain, de nombreux visiteurs vinrent, comme à l'ordinaire, encombrer notre prison; ils étaient loin d'être aussi bienveillants que nos bons paysans d'Oliva, ni que ceux de l'étape précédente, après toutefois la vue du scapulaire. C'étaient des bourgeois de Frejenal, moins grossiers sans doute que les paysans dont nous avions eu tant de fois à nous plaindre, mais non moins importuns. Ils ne nous adressaient pas d'injures, ni de menaces; mais ils cherchaient de mille manières à nous humilier; quand nous refusions de répondre aux sottes questions qu'ils nous faisaient, ils s'en dédommageaient en tenant entre eux, à haute voix, la conversation la plus impertinente sur nous, sur l'armée française, sur le roi Joseph et sur l'empereur. Comme j'étais un de ceux qui parlaient l'espagnol avec le plus de facilité, j'avais été un des premiers en butte aux provocations de ces messieurs. Fatigué enfin de leurs importunités, j'avais pris le parti de ne faire attention à personne, de garder le silence quand on me disait une sottise, et de ne répondre qu'en quelques mots polis mais froids aux questions de ceux qui montraient au moins de la politesse quand ils m'adressaient la parole.

Un jour, je distinguai dans la foule de nos visiteurs un homme de haute stature, maigre, d'une figure belle mais sévère, bien vêtu et couvert d'un manteau brun. Cet homme nous regardait avec une attention particulière; il resta longtemps dans la même attitude sans qu'aucun de nous eût l'air de prendre garde à lui. Immobile comme une statue, il ne dit mot tant qu'il y eut d'autres Espagnols dans notre appartement, et se contenta de nous considérer avec la même attention. Enfin, lorsqu'il fut seul avec nous, je l'entendis prononcer d'une voix basse et triste ces deux vers d'Ovide :

Donec eris felix, multos numerabis amicos;
Tempora si fuerint nubila, solus eris (1).

Je me levai à l'instant, et lui prenant vivement la main, je lui dis : « Segnor, je n'ai jamais si bien reconnu la vérité de ce que vous venez de me dire que depuis ma captivité. Il n'est que trop vrai que les malheureux n'ont

(1) Tant que vous serez heureux vous compterez beaucoup d'amis; si le ciel devient orageux, vous resterez seul.

point d'amis. — Vous en avez encore, me répondit cet homme généreux ; mais ils craignent de se faire connaître. Si je ne suis pas venu plus tôt, c'est que je ne l'osais point. — Vous n'osiez pas! Ceux qui se rendent à toute heure pour nous obséder et nous outrager osent bien venir nous voir. — Sans doute, si j'avais les mêmes intentions que ceux dont vous me parlez, et avec lesquels vous semblez me confondre, je n'aurais point à redouter la fureur d'un peuple aveuglé par les préjugés et le fanatisme, et qui dans sa haine implacable contre les Français embrasse également ceux qui les fréquentent ou les protégent. D'après cela vous devez sentir combien ma démarche est délicate et périlleuse. Je suis médecin, et je jouis dans Frejenal d'une réputation excellente ; tout le monde me considère, et je serais perdu sans ressource si l'on pouvait avoir le moindre soupçon sur le motif de ma visite. Je suis touché de vos infortunes, je sens combien votre situation est déplorable, je ne puis l'adoucir autant que je le voudrais : comptez sur le cœur de Bartholomé Velasco. En attendant qu'il me soit permis de vous rendre des services plus importants, acceptez, je vous prie, les seuls secours qu'il soit en mon pouvoir de vous offrir. » En disant ces mots il présentait quelques pièces d'argent. Dans toute autre circonstance une offre de cette nature m'eût semblé une insulte ; mais je jugeai Velasco, et je compris que je blesserais son bon cœur si je paraissais offensé de cette preuve qu'il voulait me donner de sa sympathie. « Je vous remercie au nom de mes camarades et au mien de votre bienveillance ; nous sommes vivement touchés des témoignages que vous nous en avez donnés ; quant à votre offre d'argent, nous ne pouvons l'accepter, parce que comme officiers nous recevons une paie qui suffit à nos besoins. — Ah! Messieurs, interrompit Velasco, craignant d'avoir blessé notre délicatesse, je vous demande pardon de m'être si mal expliqué ; ce n'est pas à vous que j'offrais cette faible somme, c'est à vos pauvres soldats, qui, eux, ne touchent aucune solde ; et je voulais seulement vous prier d'en être les distributeurs. — A cette condition, Segnor, nous acceptons volontiers, et nous allons à l'instant même remplir vos intentions. » J'appelai aussitôt un des sous-officiers prisonniers avec nous, je lui remis l'offrande de Velasco, en le chargeant de la partager entre lui et ses camarades. — Après avoir été témoin de cette distribution, et entendu les actions de grâces et les bénédictions que lui adressaient nos soldats, ce brave homme nous tendit la main, que nous serrâmes tous cordialement ; des larmes roulaient dans ses yeux ; il nous quitta en promettant de revenir le lendemain.

Velasco tint sa promesse, et pendant toute la durée de notre séjour à Frejenal il fut pour nous un ange consolateur. Son amitié tendre et touchante avait pour mon cœur un charme inexprimable ; les moments que je passais avec lui pouvaient seuls adoucir l'amertume de mes afflictions.

Les mauvais traitements, les chagrins, la fatigue, et surtout une nourriture insuffisante et mauvaise avaient beaucoup altéré ma santé. Je ne m'en étais point aperçu pendant la route ; nous étions lancés, et les dangers qui suivaient nos pas depuis que nous avions quitté Madrid nous fouettaient le sang et nous soutenaient en quelque sorte. Mais à peine eus-je pris quelques jours de repos, qu'il s'opéra en moi une réaction complète. Les forces m'abandonnèrent tout à coup ; mes jambes refusèrent de me supporter, et bientôt une fièvre violente se déclara avec les symptômes les plus alarmants. Je fis appeler Velasco, qui me donna les soins d'un frère et d'un ami. Il venait me voir deux fois par jour, et s'arrêtait longtemps auprès de moi. Il me procurait les médicaments indispensables à mon état, en les achetant à ses frais ; il ne m'épargnait ni consolation, ni paroles encourageantes ; mais j'aurais eu besoin de bien d'autres soins qu'avec la meilleure volonté du monde il ne pouvait me donner. J'étais couché tout habillé sur le pavé, n'ayant pour lit ou plutôt pour litière qu'un peu de paille. Il demanda avec instance qu'on me procurât un lit ; il sollicita mon admission à l'hôpital ; il pria, supplia, tout lui fut refusé... Je ne décrirai pas l'état horrible dans lequel me plongea pendant ma maladie ce manque absolu des choses les plus indispensables. L'imagination peut à peine se le figurer ; le souvenir m'en est encore si pénible, que ma plume répugnerait à le retracer.

Pour comble de misère, au milieu de mes plus violents accès de fièvre, les quinze jours de notre résidence à Frejenal étaient expirés. Palacio voulut bien, à cause de moi, différer le départ de deux jours, dans l'espoir que j'aurais recouvré assez de forces pour supporter la marche. Il vint lui-même me trouver après ce dernier délai pour m'engager à prendre courage ; il me dit qu'il avait à sa disposition une monture pour me porter. « Il ne restera plus de troupes à Frejenal après que nous aurons quitté cette ville, ajouta-t-il ; je ne réponds de mes prisonniers qu'autant qu'ils sont avec moi ; en vous laissant ici, je vous expose à être égorgé par le peuple, soit de cette ville, soit des campagnes que vous aurez à traverser pour nous rejoindre. » Il disait la vérité ; je savais bien moi-même que c'était là le sort qui m'attendait ; mais j'étais accablé, terrassé par le mal ; il m'était impossible de me lever sur mes jambes et de faire un seul pas. Je répondis à Palacio, avec beaucoup de calme, que dans un tel état d'épuisement je ne pouvais pas supporter la fatigue du voyage, qu'il ne me restait plus qu'à tomber et à mourir, et qu'il m'était indifférent d'expirer dans un cachot ou sur un grand chemin. Le capitaine me quitta sans renouveler d'inutiles instances, et dit en sortant : « Voilà un homme perdu. »

Il fallut me séparer de mes camarades. Nous nous fîmes nos adieux comme des gens qui ne doivent jamais se revoir. Que cet instant fut terrible ! Le désir de les suivre, l'horrible désespoir où me jetait leur départ, m'auraient donné des forces si j'avais pu en trouver dans un corps épuisé par les fatigues, la misère et la maladie.

Après l'éloignement de mes camarades, je restai seul dans la prison, sans amis, sans ressources, sans défense, dans un entier abandon au milieu d'un pays de barbares, exposé chaque jour à être assassiné par le premier qui aurait envie de le faire. Le généreux Velasco m'apportait, il est vrai, des consolations; mais ses visites étaient alors fort courtes, et pendant le reste du jour je n'avais pour société que le geôlier, sa femme et quelques mendiants à qui il donnait asile. Tous ces gens, sans exception, loin de compatir à mes maux, semblaient prendre plaisir à voir mes souffrances.

La vigueur de mon tempérament, ou plutôt un miracle de la Providence, me fit résister à de si rudes épreuves. La fièvre me quitta tout à coup; mais à peine entrais-je en convalescence, qu'arriva l'ordre de mon départ. Je n'avais point de force pour marcher; mon ami Velasco fit tout ce qui était en son pouvoir pour me retenir à Frejenal; ses démarches et ses prières restèrent sans succès. Les Français approchaient de la ville; on ne voulait pas que je fusse délivré par eux. On me réunit à six autres prisonniers ramassés je ne sais où, et, comme moi, encore malades; et, le 4 février 1809, on nous fit partir. Le geôlier, un alguazil et quatre paysans formaient notre faible escorte, qui devait se renouveler à chaque gîte.

J'étais d'une faiblesse extrême, et mes compagnons d'infortune et de voyage ne paraissaient guère plus vigoureux que moi. Nous étions dans l'impossibilité la plus absolue de faire un pas ; on plaça les six prisonniers sur trois ânes. Velasco avait obtenu que j'en eusse un pour moi seul. Je serrai dans mes bras, au moment de mon départ, cet excellent ami, dont la bonté et l'humanité m'avaient presque fait oublier la dureté et la barbarie de ses compatriotes.

En arrivant à Rio-Molinos, je tombai de fatigue sur le seuil d'une porte ; la paleur de la mort était sur ma figure, et je restai sans mouvement. Un de mes compagnons voulut m'apporter un verre d'eau, on le lui refusa. Pressé par le danger de ma situation, il renouvela ses instances, et demanda ce verre d'eau *pour l'amour de Dieu*. Une femme, ou plutôt une furie, fit éclater un rire infernal en disant : *Ahora piden por Dios, los indignos !* (Maintenant ils demandent pour l'amour de Dieu, les indignes !) Il fallut entendre cela sans murmurer, trop heureux, après avoir subi tant d'humiliations, d'obtenir enfin ce verre d'eau si ardemment désiré.

On nous transporta de la même manière jusqu'à Santa-Olalla, où il y avait un hôpital. Je me flattais d'y trouver un lit et du bouillon ; voilà tout ce que je désirais. Mon espérance fut encore trompée. On nous jeta dans un cachot où quatre scélérats enchaînés attendaient que la justice les envoyât à l'échafaud. Après avoir fait observer à nos conducteurs que nous étions des prisonniers de guerre, et qu'il était injuste de nous confondre avec des criminels, un débordement d'injures fut leur réponse, et la porte du cachot se referma à double tour.

Je ne parlerai pas des imprécations épouvantables que vomirent ensuite contre nous les quatre criminels dont nous partagions la prison : celles-là ne nous touchaient guère.

Quelques instants après, on vint nous chercher pour nous conduire à l'hôpital. Il y avait des lits et du bouillon dans cet hospice ; mais ce n'était pas pour nous. On eut la cruauté de nous laisser pendant trois jours étendus par terre, sans jeter seulement une poignée de paille sur cette dure couche. Le lendemain de notre arrivée, le médecin nous visita sans oser nous toucher. « Ils sont malades de misère! » dit-il en s'éloignant au plus vite. O vertueux ami! où étais-tu, Velasco?

Trois jours se passèrent dans cette pitoyable situation; le quatrième au matin, nous vîmes entrer dans notre chambre un individu portant deux galons d'or sur sa veste de paysan. « Levez-vous et suivez-moi, nous dit-il d'un ton brutal. — Mais nous sommes malades, et nous ne pouvons marcher. — Les coups de bâton vous feront trouver des jambes. » Il fallut bien se lever et se traîner sur ses pas. Il nous conduisit à un personnage qu'il appelait son capitaine. Ce prétendu capitaine n'était distingué de ses compagnons que par deux petits galons cousus sur ses épaules en manière d'attentes, et par un habit marron passablement râpé, au lieu de la veste. Sa troupe se composait d'une quinzaine d'hommes, anciens contrebandiers, pour ne pas dire bandits, aujourd'hui guerrilleros armés pour le service de l'État, et au besoin pour le bien-être de leur bourse. Ils conduisaient douze prisonniers ramassés dans divers hôpitaux; on nous réunit à ce petit convoi. Notre nouveau chef commença l'exercice de ses fonctions en confisquant à son profit les cinq réaux que le gouvernement espagnol m'accordait. Il avait déjà pris la même mesure à l'égard de deux officiers qui faisaient partie de nos douze compagnons. Les moyens de transport furent supprimés, et l'on nous ordonna de marcher ou de mourir sur place. Cette menace, et surtout l'espérance de nous embarquer bientôt sur le Guadalquivir pour aller rejoindre nos compagnons de captivité sur les pontons de Cadix (car j'avais appris que telle était notre destination), me firent trouver des forces pour suivre nos conducteurs. Ce dernier effort, loin de m'abattre tout à fait, comme je l'avais craint d'abord, produisit en moi un effet tout contraire, et je me trouvais assez bien portant quand nous arrivâmes à Camas, où nous devions nous arrêter un jour ou deux.

Notre capitaine vint nous voir le lendemain de notre arrivée; il allait partir pour Séville, et comme son chapeau n'avait pas une tournure assez militaire, il pria l'un des deux officiers qui nous avaient rejoints la veille de lui prêter le sien. C'était, bien entendu, le meilleur; il s'en empara, et partit après avoir donné des ordres secrets à son sergent. Dès qu'il fut parti, le sergent nous fit passer par un galetas où nous fûmes dépouillés entièrement par ce chef subalterne, aidé de ses estafiers. Protégés par le capitaine Palacio, nous n'avions pas été pillés jusqu'alors. Je possédais encore une quadruple, et, pour ne pas être obligé de m'en séparer contre mon gré, je l'avais changée en huit petites pièces d'or. Prévoyant ce qui allait arriver, je me hâtai d'avaler ces pièces l'une après l'autre; mais je n'avais réussi à en avaler que six quand mon tour vint d'être visité. On me demanda ma bourse, qui contenait encore deux pièces d'or, puis ma montre; et enfin on m'ôta mes meilleurs vêtements, ne me laissant pour me couvrir que de véritables haillons.

Le soir, quand le capitaine arriva de Séville, il joua

la surprise en apprenant ce qui s'était passé pendant son absence ; mais, loin de nous rien restituer, il prit une note détaillée de ce qu'on avait enlevé à chacun, promettant que tout nous serait rendu à notre arrivée aux pontons. Il nous avoua alors qu'il avait prescrit cette mesure afin d'empêcher les douaniers de nous voler. — Le berger Agnelet tuait les moutons de son maître et les mangeait, afin de les empêcher d'être dévorés par les loups.

Lorsque les brigands m'avaient dépouillé, ils avaient bien découvert le scapulaire qui dans une autre circonstance avait produit un effet si prompt et si heureux pour moi ; alors j'avais eu affaire à des hommes exaltés, il est vrai, mais au fond pleins de foi et animés de sentiments religieux. Ce pieux talisman ne pouvait agir sur des scélérats accoutumés au crime ; au contraire, ils parurent irrités en rencontrant un objet qui semblait leur reprocher l'indignité de leur conduite et la violation des commandements de Dieu. La vue du scapulaire ne fit qu'ajouter à leur fureur, et je fus le plus maltraité de la troupe captive.

On partit le 11 février pour San-Juan d'Alfarache, où nous devions nous embarquer sur le Guadalquivir. Avant de monter en bateau, notre chef d'escorte fit des provisions comme pour un voyage d'outre-mer, et les paya avec l'argent qu'il nous avait volé. Tandis qu'il faisait les dispositions de départ, nous attendions dans une basse-cour qu'il lui plût de nous envoyer quelque chose à manger. Un soldat vint me dire que le capitaine m'attendait au salon ; je m'y rendis, et le trouvai en grande discussion avec un alguazil à qui il voulait vendre ma montre. Comme il ne savait pas au juste ce qu'elle valait, il m'avait appelé en qualité d'expert appréciateur. Je dis ce qu'elle m'avait coûté ; le marché se conclut à l'instant; l'acheteur paya, comme pot-de-vin, une bouteille de rosolio, et l'on eût l'extrême politesse de m'en offrir un petit verre.

Le marché terminé, l'argent compté et embourse, nous fûmes entassés dans un bateau, et l'on mit à la voile. Bien que notre capitaine eût fait des provisions pour six mois, la ration de ses prisonniers n'eût pas été plus mince si le voyage eût dû durer un an. Il est vrai qu'il en usait largement pour lui-même et pour ses soldats.

Le 14, nous abordâmes à San-Lucar de Barrameda; avant de sortir du bateau, le sergent m'enleva mon chapeau, qu'il lorguait depuis longtemps d'un œil de convoitise : du peu qui me restait c'était la seule chose qui valût la peine d'être volée. Après le débarquement on se dirigea vers la ville; à une certaine distance de la rivière, notre chef nous fit faire halte pour que l'on déployât devant lui les paquets de bagage qu'on nous avait enlevés. Il choisit sur le tout de quoi se faire un ajustement complet. Mon uniforme était le plus propre, et lui convenait d'autant mieux qu'il y trouvait fixées de véritables épaulettes de capitaine; il l'endossa donc après avoir pris le gilet de l'un, le pantalon de l'autre, les bottes d'un troisième, et, grotesquement paré de nos dépouilles, il fit son entrée triomphale dans la cité de San-Lucar. J'aurais ri de bon cœur, si la colère ne m'en avait empêché, en voyant ce chef de bandits revêtu des habits de tant d'honnêtes gens.

On nous conduisit dans une maison de reclusion : en y arrivant je m'entendis nommer. Ce n'était pas moi qu'on appelait, mais mon habit, qu'on avait reconnu sur le dos de notre capitaine. Je lève la tête : « Comment! c'est vous? Vous voilà? D'où venez-vous? Que vous est-il arrivé? » Je me trouvais au milieu de mes camarades partis les premiers de San-Fernando. Dans la confusion qui régnait au moment de notre reconnaissance, l'habit que portait notre chef d'escorte lui valut quelques accolades fraternelles qui m'étaient destinées. Nos camarades partagèrent avec nous leur modeste repas. L'habit de l'officier leur apprit qu'on nous avait pillés, et nous leur donnâmes tous les détails de notre mésaventure.

« Notre gouverneur est un brave homme, me dit un de mes camarades, nommé Sicard; contez-lui ce qui vous est arrivé, je vous réponds qu'il rendra justice à qui de droit. » J'avais bien quelque désir de suivre ce conseil; mais j'étais retenu par la crainte que notre homme ne se vengeât d'une manière plus terrible quand nous serions loin de San-Lucar. Il devait s'embarquer avec nous le même jour, et je le connaissais assez pour le croire capable de tout. Je priai donc Sicard de garder le silence sur tout ce qui s'était passé, me réservant d'adresser mes plaintes au gouverneur de Cadix quand nous serions arrivés à notre destination. La fatigue m'accablait, le sommeil fermait ma paupière, il termina bientôt notre entretien; je m'étendis à terre, et en un instant je fus profondément endormi.

Tandis que je goûtais ce sommeil bienfaisant, le gouverneur vint visiter la prison; mes camarades lui racontèrent tout ce qui m'était arrivé; il les écouta avec l'expression de l'indignation la plus vive. Il me fit appeler sur-le-champ, et, après m'avoir demandé la liste des objets volés, il manda le chef d'escorte, qui eut l'impudence de se montrer couvert de nos habits. Le gouverneur l'accabla des reproches les plus humiliants, le fit déshabiller devant nous et lui ordonna de tout restituer. Je recouvrai mon uniforme et une partie de l'argent de ma montre; je repris mon chapeau sur la tête du sergent; le caporal me rendit mon pantalon, et les soldats le reste de ma garde-robe, dont ils s'étaient emparés. Tous les effets de mes camarades leur furent également restitués.

Après cet acte solennel de justice, je ne devais pas craindre de m'adresser au gouverneur avec confiance. Je ne lui cachai pas les craintes que j'éprouvais de m'embarquer avec un fourbe que je venais de démasquer, avec un voleur que j'avais fait punir. « Ne craignez rien, répondit ce brave militaire, je saurai déjouer ses mauvais desseins, s'il en a formé contre vous. » En effet, il nous donna un officier de sa garnison pour nous accompagner, et pour surveiller la conduite de notre chef de guerrilleros.

Nous partîmes le lendemain en adressant mille remercîments et des bénédictions au gouverneur de San-Lucar. On coucha à Rot, et l'on s'embarqua le 15 pour Cadix. Nous passâmes la nuit dans la rade, et le lendemain on nous conduisit aux pontons. Nous fûmes, les deux officiers et moi, déposés au ponton *la Vieille-Castille*, destiné aux officiers, et le reste du détachement fut mis à bord du *Terrible*, ponton-prison des soldats.

CHAPITRE XI

Ce que c'était que les pontons. — Rigueurs exercées contre les Français non combattants. — Massacre des Français à Valence. — A Cadix ils sont envoyés sur les pontons. — L'escadre de l'amiral Rosily. — Mon entrée à bord de *la Vieille-Castille.* — Emploi de la journée sur les pontons. — Changement de situation. — Arrivée des Français sur la côte. — Première tentative d'évasion. — Arrêté du gouverneur de Cadix. — Disette et famine à bord des pontons. — Trente-quatre prisonniers s'emparent d'une embarcation et parviennent à s'échapper. — Tempête de l'équinoxe. — Projet d'évasion. — Délibération à ce sujet. — On décide, d'après l'avis des officiers supérieurs, qu'il n'y sera point donné suite. — Tempête pendant la nuit. — Effroi de nos gardiens. — Dépit des prisonniers de n'avoir pas donné suite au projet d'évasion. — Effets de la tempête. — Discorde parmi les prisonniers. — Motif honteux qui empêchait les officiers supérieurs de chercher à s'évader. — Complot formé par les officiers subalternes. — Tempête du 14 mai. — Le complot est exécuté malgré l'opposition de quelques officiers supérieurs. — Démarrage de *la Vieille-Castille.* — Préparatifs de défense. — Nous sommes attaqués de tous côtés. — L'ennemi renonce à nous prendre à l'abordage. — Redoublement du feu de toute son artillerie. — *La Vieille-Castille* échoue. — Difficulté du sauvetage. — Manière dont il fut effectué. — J'arrive à terre. — Rencontre de M. Grivel.

Mon arrivée aux pontons formant une phase nouvelle dans ma vie de prisonnier, je dois, avant d'y entrer, donner quelques détails sur ces prisons flottantes.

Les troupes désarmées après la capitulation du général Dupont furent dispersées dans l'Andalousie, et quand les Français marchèrent de nouveau sur Madrid, on mit tous ces prisonniers de guerre sur de vieux vaisseaux rasés appelés pontons. Les premiers qu'on disposa pour servir de prisons furent *le Terrible, le Vainqueur, l'Argonaute, le Minho,* vaisseaux de soixante-quatorze canons, *la Vieille-Castille*, de soixante-quatre; *la Rufina* et *la Horca*, frégates.

Lorsque la guerre éclata avec fureur en Espagne, un soulèvement général, un mouvement terrible de patriotisme se manifesta à la fois dans toutes les villes, comme une fièvre ardente se communique dans toutes les parties du corps. Les Français venus avec l'armée, et que les événements en avaient éloignés, furent arrêtés dans toute l'Espagne; la même rigueur s'exerça contre les familles françaises établies et naturalisées dans ce royaume depuis plus de trente ans. Ces bourgeois ou négociants franco-espagnols tombèrent les premiers sous le fer des assassins. Plus de deux cents Français des deux sexes et de tout âge, enfermés dans la citadelle de Valence depuis le commencement de l'insurrection, furent massacrés par une bande d'assassins dont la rage ne put être arrêtée ni par la présence des magistrats accourus avec la force armée pour s'opposer au carnage, ni par les images de la sainte Vierge, ni même par le saint Sacrement que les prêtres présentaient aux meurtriers pour empêcher l'effusion du sang.

Les habitants de Cadix se montrèrent plus humains que ceux de Valence. Les Franco-Espagnols y furent traités avec douceur; comme on ne pouvait pas les soustraire à une mesure générale, on les enferma dans la *Rufina*, autant pour leur propre sûreté que pour les empêcher de servir l'armée française au moyen des intelligences qu'ils avaient dans le pays.

Ces prisons flottantes ne pouvaient pas cependant contenir tous les captifs français, l'armée prise à Baylen ayant grossi leur nombre de près de vingt mille. On en laissa beaucoup dans les cantonnements les plus rapprochés de Cadix; de grands convois partirent pour les îles Baléares et pour les Canaries. Le quartier San-Carlos,

s'

dans la petite île de Léon, en fut remplie; c'est là qu'on plaça les femmes; elles y étaient mieux et plus décemment qu'à bord des pontons.

L'escadre française commandée par l'amiral Rosily, et composée de cinq vaisseaux et une frégate, était restée, depuis la bataille de Trafalgar, dans le port de Cadix, bloquée par les Anglais. Quand le soulèvement de Cadix eut lieu au commencement de juin 1808, l'amiral français fut attaqué tout à la fois par les batteries de terre et par les vaisseaux anglais. Après deux jours de combat, il fut obligé de capituler. Les équipages français furent répartis sur les pontons. La frégate *la Horca* fut affectée aux officiers de marine, et *la Vieille-Castille* fut réservée aux officiers de terre.

Telles étaient à peu de chose près les dispositions prises envers les prisonniers français quand j'arrivai *à la Vieille-Castille*. Je grimpai à l'échelle avec un plaisir infini, joyeux de me retrouver avec des compatriotes et d'avoir terminé mon périlleux voyage. Le ponton était, il est vrai, toujours une prison; mais c'était aussi un asile où mes jours allaient être en sûreté. La distance qui le séparait de la terre me paraissait une barrière protectrice qui désormais me mettait à l'abri des insultes, des menaces et des poignards d'une populace farouche et stupide.

J'étais connu d'un grand nombre d'officiers, puisque la plupart appartenaient au deuxième corps d'observation de la Gironde. Aussi mon arrivée fut saluée par de nombreuses acclamations. Il fallut raconter mon histoire depuis notre séparation de Tolède, puis retracer minutieusement les diverses péripéties de ma triste odyssée depuis le jour où j'avais été fait prisonnier jusqu'au moment où j'avais mis le pied sur le ponton; il fallut même donner des nouvelles qui commençaient à vieillir, mais dont les prisonniers n'étaient pas moins avides.

Ma narration fut interrompue par l'annonce du déjeuner. Mes nouveaux compagnons m'emmenèrent dans leur salle à manger, où je pus me dédommager de mon jeûne forcé depuis deux mois. A la fin du repas, on fit apporter un vin chaud pour célébrer ma bienvenue; on but à ma santé, au succès de nos armes, et on me fit recommencer vingt fois mon récit.

Cette première journée se passa rapidement à renouveler d'anciennes connaissances, à en faire de nouvelles, à visiter les officiers supérieurs prisonniers avec nous, enfin à m'initier dans la vie de ponton. Je reconnus bientôt que cette vie était bien différente de celle que j'avais menée dans le commencement de ma captivité, et qu'à l'exception de la privation de la liberté, les prisonniers étaient aussi bien qu'on peut l'être quand on a des goûts modérés et qu'on sait se contenter du nécessaire. Du reste, on pouvait juger à l'état de parfaite santé, à la bonne mine de tous, qu'ils n'éprouvaient pas de privations pénibles; certains officiers supérieurs annonçaient même, par la fraîcheur et la coloration de leur teint et par la rotondité de leur ventre, que leur ordinaire était plus somptueux qu'on ne l'eût supposé en prison. Pour pourvoir à cette dépense, ces derniers recevaient une piastre (environ cinq francs) par jour. Les officiers subalternes, à partir du grade de capitaine et au-dessous, recevaient huit réaux (deux francs) par jour. Ces huit réaux me furent alloués régulièrement à dater du jour de mon entrée. Comme les vivres sont à très-bon marché en Espagne, notre solde suffisait amplement pour vivre honorablement en prison, et encore notre pourvoyeur nous faisait-il payer les provisions trois fois plus cher qu'à la ville.

Rien n'était monotone comme la vie de ponton; aussi, quand j'aurai décrit l'emploi d'une de nos journées, j'aurai raconté à peu près tout ce qui s'y passa jusqu'aux graves événements qui nous rendirent à la liberté.

A peine le soleil paraissait-il à l'horizon, qu'un tintamarre affreux se faisait entendre à bord, et réveillait ceux qui auraient voulu prolonger encore leur sommeil et l'oubli de leurs infortunes. On entendait de tous côtés les éclats d'une gaieté bruyante, et ces cris longtemps répétés : « Branle-bas général! Tout le monde sur le pont! »

On s'élançait aussitôt de son hamac et l'on grimpait sur le pont, afin de ne pas déranger les matelots chargés d'entretenir la propreté. Après les compliments d'usage, la première question que l'on s'adressait était celle-ci : « Que dit-on de nouveau? » quoique tout le monde sût bien que la veille personne n'était entré ni sorti. Malgré cela, il ne manquait jamais de faiseurs de nouvelles qui débitaient avec le plus imperturbable aplomb celles qu'ils avaient fabriquées tout éveillés, ou qu'ils avaient rêvées en dormant. Toute l'assemblée les écoutait comme si le narrateur les avait prises dans un journal; ce qui ne veut pas dire qu'elles eussent été plus vraies pour cela. Chacun faisait ses réflexions sur ces nouveaux récits; les politiques expérimentés en tiraient de grandes conséquences; ils traçaient avec un couteau des plans de bataille sur le plancher, et prouvaient aux plus incrédules qu'avant un mois nous serions délivrés.

Dès que le lavage était achevé et que le parquet était à peu près sec, chacun reprenait ses occupations ou ses divertissements habituels. Les tables de jeu se préparaient, car le jeu occupait plus de la moitié des captifs; les capotes et les couvertures servaient de tapis; le boston, le reversis étaient des jeux les plus usités; puis venaient les dames et les échecs. Chaque table était entourée d'une nombreuse galerie souvent appelée comme conseil ou comme arbitre. Ceux qui n'avaient pas de goût pour le jeu savaient se créer de plus utiles occupations. Les uns fabriquaient divers objets de menuiserie, les autres sculptaient avec leurs canifs les pièces d'un jeu d'échecs, ou fabriquaient de petits meubles de fantaisie. Venaient ensuite les amateurs des arts, les musiciens, les peintres, les danseurs, s'exerçant ou donnant des leçons. Gare les oreilles! dès qu'on voyait sortir de leurs étuis les flûtes, les violons, les clarinettes, on entendait bientôt un bruit discordant et barbare, un vacarme assourdissant d'instruments à cordes et à vent, jouant sur tous les tons des airs différents; joignez à cela les voix des peintres qui chantaient à tue-tête quelque refrain d'atelier ou de corps de garde, et le cliquetis des fleurets des amateurs d'escrime, que j'avais oubliés dans cette nomenclature bruyante, et vous aurez une faible idée du charivari infernal qui se faisait chaque matin sur le ponton. . . . .

Voilà bien des gens occupés; il en restait encore un bon nombre qui ne prenaient aucune part aux divertissements de l'entre-pont. Leur unique occupation était de ne rien faire. Du soir au matin ils se promenaient en long et en large sur le pont, armés d'une lorgnette, observant tout ce qui se passait dans la rade. S'ils croyaient avoir découvert quelque chose d'extraordinaire, comme un changement dans le mouvement des bâtiments de l'escadre anglaise qui nous surveillait, l'arrivée ou le départ d'un vaisseau, l'arrivée de nouveaux prisonniers, ils donnaient l'alerte en criant d'une voix de tonnerre : « Tout le monde sur le pont! » A ce cri les parties étaient interrompues, les musiciens s'arrêtaient, tous les exercices étaient suspendus, et la foule se précipitait tumultueusement sur le pont. Les regards se dirigeaient de tous côtés pour apercevoir ce qui avait motivé cet appel des vedettes ; quand on l'avait remarqué, les uns disaient : « Ce n'est que cela ! ce n'était pas la peine de nous déranger ; » et ils se hâtaient de retourner dans l'entre-pont ; les autres entamaient de longs commentaires sur un mouvement peut-être sans aucune importance, mais qui très-probablement avait une cause tout autre que celle que lui attribuaient les commentateurs. L'arrivée de nouveaux prisonniers était toujours ce qui excitait le plus vivement la curiosité. Dès qu'on apercevait la chaloupe se diriger de notre côté, l'impatience se peignait sur toutes les figures ; l'esquif ne marchait pas assez vite, on eût voulu pouvoir renforcer le vent ou aider les rameurs. La nacelle abordait enfin. C'était à qui donnerait la main au nouveau débarqué, et alors se renouvelaient les scènes que j'ai racontées lors de mon arrivée.

Le déjeuner suspendait tous les exercices ; personne ne se faisait attendre ; les couvertures qui servaient de tapis étaient enlevées, et la table de jeu servait de table à manger. On apportait le rancho dans une grande gamelle ; les souscripteurs associés (car on s'associait un certain nombre pour manger ensemble) se rangeaient autour, chacun tirait de sa poche la cuiller d'étain ou de bois, et le rancho disparaissait trop tôt aux yeux du consommateur affamé. Après ce premier repas, on faisait un tour de promenade sur le pont. « Que dit-on de nouveau ? » répétait-on encore, et les conteurs s'empressaient de débiter les nouvelles qu'ils avaient fraîchement fabriquées. Le couvert était bientôt levé ; les joueurs reprenaient les cartes, le musicien son instrument, l'amateur d'escrime son fleuret ; le sabbat recommençait de plus belle, et les flâneurs restaient sur le pont, s'armaient de leur lunette et continuaient d'observer les mouvements de la rade. Ces sentinelles à poste fixe criaient encore : « Tout le monde sur le pont ! » On accourait avec le même empressement... Cette fois, c'était une fameuse alerte, ces messieurs avaient voulu s'amuser. Chaque jour cette mystification se renouvelait ; on y avait été cent fois attrapé, et on s'y laissait prendre encore.

Enfin arrivait l'heure du dîner, qui rappelait tout le monde autour des tables. Ce repas expédié, comme le jour avait baissé, et qu'on n'y voyait plus assez pour jouer ou pour dessiner, la promenade sur le pont devenait générale. La soirée se passait en conversations ou à des jeux d'écoliers, tels que la main-chaude ou colin-maillard ; ou bien, si le temps était beau, on dansait des rondes, quelquefois même des quadrilles et des valses. Les jours de fête, ou à l'arrivée d'un nouveau compagnon, on ajoutait à ces distractions quelques bols de vin chaud ; cela avait eu lieu pour moi, ainsi que je l'ai dit. Bientôt on imagina aussi un moyen de distraction plus agréable que tous ceux que j'ai mentionnés.

Nous avions, je le répète, un grand nombre d'amateurs de musique à bord de *la Vieille-Castille ;* leurs exercices étaient peut-être ce qu'il y avait de plus ennuyeux : chacun jouait à part un morceau différent ; il en résultait un ensemble à déchirer les oreilles d'un sourd. M. Perret, chef de musique de la quatrième légion, imagina de réunir les musiciens qui avaient un talent réel, et ceux qui pouvaient faire leur partie, pour former un petit orchestre. Grâce à ses soins, nous eûmes bientôt des concerts complets, et qui auraient pu faire sensation même ailleurs que sur un ponton ; car, outre un assez grand nombre d'excellents amateurs, dont le talent s'était perfectionné dans l'isolement de la prison, nous possédions de véritables artistes hors ligne, entre autres un élève de Rode, et M. Perret était un clarinettiste très-distingué. Le charivari diabolique qui m'avait tant étourdi dans le commencement fut remplacé d'abord par des répétitions auxquelles chacun s'intéressait, puis enfin par l'exécution de concerts réguliers qui furent suivis par tous les prisonniers, y compris les joueurs de piquet et d'échecs, ainsi que les flâneurs du pont. Bientôt les officiers anglais des vaisseaux stationnés dans la rade demandèrent et obtinrent la permission d'assister à nos réunions musicales, et ils n'y furent ni les moins assidus, ni les moins favorablement disposés pour les exécutants. Quelques artistes surent profiter de ces bonnes dispositions; les capitaines des vaisseaux anglais se disputèrent l'élève de Rode et lui firent les plus magnifiques propositions; il finit par se décider à passer sur un vaisseau anglais, où il recevait des appointements plus élevés que ceux d'un colonel français, sans compter le prix des leçons particulières qu'il donnait aux officiers. M. Perret, sollicité de la même manière, refusa toujours. Le capitaine d'une frégate anglaise à l'ancre près de *la Vieille-Castille,* voulut prendre de lui des leçons; M. Perret consentit à lui en donner, mais à condition qu'on le ramènerait tous les soirs au ponton. Quelque temps après, ce capitaine reçut l'ordre de quitter la rade de Cadix; il désira s'acquitter envers M. Perret. Celui-ci ne voulut point accepter d'argent; mais il pria le capitaine de le faire aborder sur la côte que les Français occupaient alors. L'Anglais lui répondit que cela était impossible, à cause de la surveillance des Espagnols; il lui offrit de le conduire en Angleterre, sous la promesse de le faire passer en France s'il ne voulait pas rester avec lui. M. Perret hésita longtemps, n'osant se fier à la foi britanique, que nous assimilions alors à la foi punique; il se décida enfin, et n'eut pas lieu de s'en repentir;

le capitaine tint sa parole, et le renvoya en France.

Tel fut à peu près pendant dix mois l'emploi de nos journées à bord de *la Vieille-Castille*. Les premiers jours me parurent délicieux, par suite du contraste avec mes souffrances précédentes; mais bientôt je finis par trouver pénible cette monotonie d'existence, et le poids de ma captivité me parut plus accablant que jamais. Toute l'année 1809 se passa de la même manière, sans apporter le moindre changement à notre situation. Mais à la fin de janvier 1810, les Espagnols prirent des mesures qui nous annonçaient l'approche des troupes françaises. Les prisonniers qui se trouvaient à terre furent amenés au ponton; les convalescents quittèrent l'hôpital. Les officiers qui rentraient à bord ne savaient aucune nouvelle; mais ils avaient vu arriver des troupes espagnoles épuisées de fatigue, et la consternation des habitants de Cadix prouvait qu'ils redoutaient un changement de situation.

Nous étions alors dans le canal de *la Caraca;* les Anglais nous remorquèrent dans la grande rade, et le ponton de *la Vieille-Castille* fut placé entre quatre vaisseaux de leur escadre. C'est alors que les orateurs politiques eurent beau jeu : que de nouvelles ils débitèrent! Ceux mêmes qui n'en avaient jamais fabriqué commencèrent ce jour-là : on faisait arriver l'armée française à marches forcées; on pariait des dîners, des déjeuners à manger à Cadix dans une quinzaine. D'autres, jugeant les choses d'une manière moins satisfaisante, apprenaient la langue anglaise pour se préparer au voyage de la Grande-Bretagne. En même temps les Anglais faisaient sauter les forts Malagorda et Sainte-Catherine, et nous confirmaient ainsi que les Français allaient paraître incessamment sur la côte. Les promeneurs d'habitude, les flâneurs du pont, n'avaient plus besoin de nous donner l'alerte; du matin au soir nous étions tous sur le pont, les yeux constamment fixés sur le rivage.

Quatre jours après la destruction des forts Matagorda et Sainte-Catherine, nous vîmes passer dans la rade plusieurs chaloupes canonnières; elles se dirigèrent sur le Trocadero, et firent feu du côté de la terre. Plus de doute, les Français sont là; on prend les longues-vues, les lorgnettes; on voit un, deux cavaliers; on aperçoit plusieurs fantassins; on ne peut distinguer l'uniforme et les couleurs, mais est-il probable que les Espagnols tirent sur leurs troupes?

Je n'entreprendrai pas de décrire les transports de joie, les mouvements d'impatience et de délire des huit à dix mille prisonniers renfermés dans les pontons, à la vue de l'armée française triomphante. Nous n'en sommes éloignés que de huit kilomètres; mais c'est la mer qui nous sépare. L'espoir de recouvrer cette liberté si chérie et si désirée fait affronter les dangers les plus grands, ils disparaissent à nos yeux; le séjour du ponton devient insupportable, et la liberté est là qui nous attend sur la côte. Dès la nuit suivante, un grand nombre de nageurs tentèrent la traversée; la plupart se noyèrent, les autres furent repris ou tués à coups de fusil. Les infortunés que les Espagnols fusillaient sous nos yeux, les cadavres des noyés dont la mer était couverte, n'étaient pas des exemples assez forts pour arrêter de nouvelles tentatives du même genre.

Comme ces désertions se multipliaient dans une progression immense, le général Mondragon, gouverneur de Cadix, fit afficher à bord de chaque ponton que tous ceux qui chercheraient à s'évader seraient fusillés s'ils étaient repris. Voyant l'inutilité de cette menace, il publia un arrêté par lequel il nous rendait responsables les uns des autres, et condamnait à mort deux de ceux qui restaient pour un qui serait échappé, dans le cas où celui-ci ne serait point repris. Ces arrêtés, ces ordres du jour ne produisirent aucun effet; nous répondîmes au général Mondragon que ceux qu'il ferait fusiller le remercieraient, en marchant au supplice, d'avoir ainsi mis un terme à leurs souffrances. Je dois ajouter que ce dernier arrêté ne fut jamais exécuté.

Mais bientôt un autre fléau vint nous assaillir. Les distributions de vivres, qui s'étaient faites jusque-là régulièrement, éprouvèrent des diminutions, des intermittences, et même sur quelques pontons des cessations de plusieurs jours. Les prisonniers de *la Horca* furent pendant six jours privés de vivres et même d'eau. Une véritable famine régna à bord de ce ponton, et sans les secours que leur envoyèrent les marins anglais, nos pauvres prisonniers seraient littéralement morts de faim. Les mêmes souffrances, à de moindres degrés il est vrai, se firent sentir sur *le Terrible, l'Argonaute, le Vainqueur* et *la Rufina*, et les officiers de *la Vieille-Castille* n'étaient guère mieux approvisionnés. La disette et la misère portaient leurs ravages dans toute la rade, les évasions étaient plus fréquentes, et l'exécution en devenait plus difficile à mesure qu'elles se multipliaient. Je n'étais pas assez bon nageur pour m'exposer à faire une traversée de huit kilomètres ; je ne pouvais pas me sauver : envier le sort de ceux qui réussissaient, déplorer le malheur de ceux qui se noyaient ou étaient fusillés, tels étaient les sentiments qui tour à tour partageaient mon âme. Je me confiai à la Providence, et je pris le parti d'attendre.

MM. Grivel, capitaine dans les marins de la garde impériale, Verger et Belligny, jeunes aspirants dont le courage approchait de la témérité, formèrent le projet d'enlever la première embarcation qui viendrait à nous par un vent fort. J'entrai dans le complot, ainsi que plusieurs de mes camarades qui n'étaient pas plus marins que moi, mais qui se confiaient avec raison à l'expérience de ces braves. Une fois le plan arrêté, les conjurés se tinrent prêts à partir au premier signal.

La barque de service qui nous apportait de l'eau vint à bord le 22 février 1810. Un vent frais enflait sa voile, toutes les circonstances étaient favorables pour tenter un coup de main. Les chefs du complot descendirent dans l'embarcation, feignirent de vouloir aider à hisser les barriques et s'emparèrent des bateliers. Au même instant un grand nombre d'officiers et de soldats se jettent dans la barque. J'allais les imiter avec une dizaine d'autres qui étaient aussi du complot, lorsqu'une chaloupe anglaise partit du vaisseau amiral et se dirigea sur nous. Elle venait à bord pour dévirer nos câbles; tout le monde crut qu'on l'envoyait pour couper la retraite aux fugitifs. La plupart d'entre nous regardèrent le coup comme manqué; ceux qui, comme moi, n'étaient pas encore descendus, restèrent à leur place; d'autres qui se trouvaient déjà dans la barque remontèrent sur le pont. Que de prisonniers se seraient sauvés sans cette fausse alerte! Le capitaine Grivel, avec trente-quatre hommes restés dans sa barque, prit aussitôt le large, et cingla rapidement vers la côte occupée par l'armée française. L'amiral anglais dépêcha quelques embarcations à leur poursuite; elles arrivèrent trop tard. La chaloupe cause de notre funeste erreur se dirigea sur eux et les salua d'une décharge de mousqueterie; un seul homme fut tué, Barbéri, domestique de M. Grivel. Le malheur pouvait être plus grand; les balles qui frappèrent à bord ne touchèrent que cet infortuné. Trente-quatre officiers ou soldats se sauvèrent dans cette barque; elle aurait contenu facilement cent personnes.

Je maudissais la fatale indécision qui m'avait empêché de suivre l'audacieuse entreprise du capitaine Grivel et de ses compagnons. Je n'osais plus murmurer contre mon sort; on n'a pas le droit de se plaindre de la misère quand on ne sait pas profiter des occasions de s'en affranchir, ou qu'on hésite au moment où elles se présentent; et, je l'avoue, j'avais manqué de résolution et d'énergie; aussi éprouvai-je un des sentiments les plus pénibles pour un homme de cœur: j'étais honteux de moi-même. Tous ceux qui comme moi n'avaient pas su profiter de l'occasion du 22 février exprimaient leurs regrets avec amertume, et juraient bien que désormais ils ne laisseraient pas échapper la plus petite chance de salut. Depuis ce moment toutes les barques, les nacelles même qu'on voyait arriver devaient être enlevées; les faiseurs de projets trouvaient tout possible. Le vent commençait-il à souffler, ils montaient sur le pont et regardaient de toutes parts s'ils ne découvriraient pas une flottille, une pirogue, une jonque de salut. Mais la fortune veut être saisie aux cheveux; l'occasion était passée, la faute consommée, on ne pouvait la réparer; les embarcations arrivaient toujours, mais elles étaient mieux gardées que jamais, et nous aussi.

Tandis que nous ne pouvions nous consoler d'avoir ainsi manqué notre délivrance, arriva la saison des tempêtes de l'équinoxe. Les coups de vent qui règnent alors dès les commencements de mars, et qui se prolongent quelquefois en avril et jusqu'en mai, rendent la rade de Cadix peu sûre, et y occasionnent de fréquents naufrages. Dans la journée du 6 mars, le ciel se couvrit de nuages noirs que les éclairs sillonnaient en tous sens; des coups de tonnerre multipliés, la pluie et la grêle servirent de prélude à la tempête, qui bientôt éclata d'une manière épouvantable. Les flots agités venaient se briser sur la côte, et la lame poussée par le vent du sud-ouest arrivait dans la direction de la pleine mer. Le lendemain matin 7, j'étais monté de bonne heure sur le pont avec MM. Vernerey et Montchoisy, capitaines de cuirassiers, quand nous fûmes rejoints par M. Fouque, officier de marine, qui nous dit en nous abordant : « Si j'avais été le maître cette nuit, nous serions tous à terre maintenant. » Alors il nous montra des vaisseaux espagnols qui avaient fait naufrage pendant la nuit, et que la tempête refoulait encore sur le rivage.

Le propos de M. Fouque fut comme un trait de lumière qui nous ouvrit les yeux. En un instant nous fûmes entourés d'une foule nombreuse. Les paroles de M. Fouque furent répétées et commentées; il s'agissait simplement de couper les câbles qui nous enchaînaient sur la rive espagnole, et de laisser agir le vent et la tempête, qui nous pousseraient en peu d'instants sur la côte, où nous serions reçus par nos amis, par nos frères. Tandis que cette idée fermentait dans les têtes, que déjà les cœurs s'ouvraient à l'espérance, un certain nombre de personnages graves ne partageaient point l'enthousiasme général; ils calculaient froidement les dangers de l'entreprise, et s'opposaient de toutes leurs forces à l'avis général. Malheureusement leur opinion avait d'autant plus de poids qu'on était habitué à leur obéir aveuglément, car ces personnages étaient tous officiers supérieurs. Trois fois on se réunit en conseil dans leur chambre, où ils avaient fait appeler tous les officiers de marine qui se trouvaient à bord. On perdit un temps précieux en discussions interminables. Ferme, inébranlable dans sa manière de voir, M. Fouque soutenait son opinion avec une noble opiniâtreté. Elle était fortement appuyée par les autres officiers de marine, par tous les officiers subalternes, et par trois ou quatre officiers supérieurs seulement, dont les noms méritent d'être cités : c'étaient MM. Christophe, major au douzième régiment de cuirassiers ; Forax, chef d'escadron de dragons; de Beaufranchet, chef de bataillon d'artillerie; Demanche, commissaire des guerres. Mais tous les colonels et les autres officiers supérieurs furent d'un avis contraire. Ils déployèrent toutes les ressources de la dialectique et de l'éloquence pour prouver que, malgré toutes les assertions contraires, le péril était imminent, certain; qu'il n'y avait ni vrai courage, ni gloire à le braver, mais seulement présomption et folie. A la fin, ces raisons, et surtout l'influence attachée à leur grade, firent impression sur un grand nombre d'entre nous. A la dernière séance, qui eut lieu à neuf heures du soir, il fut arrêté, à la majorité des voix, que les câbles ne seraient point coupés ; et, dans la crainte que quelqu'un ne s'y portât malgré la décision du conseil, les colonels firent prier le sergent espagnol d'y mettre deux factionnaires.

La nuit se passa comme l'avaient prévu les officiers de marine; nous étions agités, secoués comme on l'est sur un vaisseau battu par la tempête. Le canon d'alarme des navires qui périssaient dans la rade, les oraisons ferventes et continuelles de nos gardiens, les cris des naufragés nous faisaient assez connaître les désastres de l'ouragan, et semblaient nous dire : « Sauvez-vous, partez, vous le pouvez encore; plus le temps est mauvais, plus il est beau pour vous! » On fut sourd à cette voix, on craignait d'être pris par les Anglais! Singulière excuse! comme la lâcheté est ingénieuse! Eh! comment les Anglais ou les Espagnols auraient-ils songé à courir après nous, puisqu'ils laissaient périr leurs propres navires sans pouvoir leur porter aucun secours?

Je tenterais vainement de décrire la frayeur des soldats espagnols qui nous gardaient. D'après les nouvelles mesures prises depuis la fuite du capitaine Grivel et de ses compagnons, trois factionnaires devaient se tenir sur le pont pendant la nuit, un au milieu, les autres aux deux extrémités. Le factionnaire de la canonnière voisine criait : *Sentinela alerta !* Notre premier soldat répondait : *Alerta esta !* Ce cri, répété par le soldat du milieu, était ensuite transmis au factionnaire d'une autre cannonnière. Pendant cette nuit affreuse, ces pauvres diables, ne pouvant plus tenir sur le pont, mouillés comme des canards, grelottants de froid et de peur, vinrent se réfugier sous l'escalier du dôme ; et là, tous les trois l'un contre l'autre, pour se réchauffer et se rassurer mutuellement, ils se criaient encore de temps en temps : *Sentinela alerta !* pour prouver à la canonnière, qui ne les entendait point, qu'ils étaient à leur poste et continuaient de veiller sur nous. Des *Pater*, des *Ave*, remplissaient l'intervalle des cris obligés, et ces prières étaient récitées avec une ferveur aussi grande que la terreur des suppliants.

Plus la tempête redoublait de rage, plus redoublait l'effroi de nos gardiens, plus aussi augmentait notre dépit de n'avoir pas exécuté le projet de M. Fouque. Que d'imprécations furent adressées à ceux qui s'y étaient opposés ! Quels regrets n'eurent-ils pas eux-mêmes, lorsque, le 8 au matin, le soleil en se levant sur la rade nous montra la plage encombrée de navires échoués à la côte pendant la nuit ; lorsque nous vîmes les troupes françaises s'avancer jusqu'aux bâtiments que la marée basse avait laissés sur le sable, pour en faire descendre les hommes qui s'y trouvaient et débarquer même les marchandises, sans éprouver aucun trouble de la part de l'ennemi, qui n'essaya pas un seul instant de leur disputer ces épaves !

Pendant plusieurs jours la mer fut couverte de débris, de cadavres, de chaloupes abandonnées, de ballots d'étoffes de soie et de coton, et de toute espèce de marchandises. L'armée française ramassa une si grande quantité de pièces de percale, que la tempête qui les avait jetées sur le rivage fut appelée par nos soldats *le vent de percale*. Cinq vaisseaux de guerre, dont un à trois ponts, et vingt navires marchands ou de transport périrent dans ce désastre, qui nous eût sauvés infailliblement.

Cet événement porta la désunion et la discorde au milieu de notre troupe captive. Après avoir laissé échapper une si belle occasion de rejoindre l'armée, ceux qui s'étaient rangés du parti de M. Fouque ne pouvaient plus voir leurs adversaires sans éprouver un sentiment d'indignation et de rage. Ils le manifestaient hautement devant eux par les propos les plus insultants, sans avoir égard à l'âge, au grade ni à aucune autre considération. C'est à cette occasion que me furent révélées des choses honteuses; c'est alors que j'appris que l'esprit de cupidité, et le désir de garder le fruit de leurs rapines, avaient déterminé la plupart des chefs du deuxième corps à signer la funeste capitulation de Baylen; c'était encore le même sentiment qui les avait portés aujourd'hui à refuser de tenter une entreprise qui pouvait leur enlever leurs trésors, si honteusement acquis, plus honteusement conservés; car, tandis que les soldats et les officiers subalternes s'étaient vu dépouiller de tout ce qu'ils possédaient, même légitimement, les officiers supérieurs avaient obtenu que leurs fourgons et malles seraient scrupuleusement respectés. Cette clause avait été fidèlement exécutée, et ils étaient arrivés sur les pontons avec toutes leurs richesses. Ajoutons qu'un grand nombre d'entre eux avaient atteint l'âge où il leur était permis de prendre leur retraite, et que la pension à laquelle ils avaient droit, jointe à la fortune qu'ils avaient amassée, leur assurait une existence paisible pour le reste de leurs jours; ils se souciaient donc fort peu de risquer de nouveau leur vie dans le hasard des combats, de s'exposer à perdre l'or qu'ils possédaient, tandis qu'en restant prisonniers jusqu'à la paix, s'il le fallait, leur sort paraissait assuré contre toutes les chances de l'avenir. C'est ainsi que de misérables considérations d'intérêt personnel l'emportèrent sur l'intérêt général et sur l'honneur militaire.

Ne pouvant plus compter sur ces hommes, en qui l'amour de l'or avait étouffé tout sentiment généreux, nous résolûmes de nous passer de leur concours à l'avenir, et de ne compter que sur nous-mêmes pour notre délivrance. Une association fut aussitôt formée, sous la direction de M. Fouque et des officiers de marine, pour reprendre à la première occasion favorable l'exécution du projet manqué dans la nuit du 7 au 8 mars. Parmi les officiers de l'armée de terre, on choisit des chefs connus par leur énergie et leur vigueur pour diriger les mouvements de tous les associés vers un but commun. Ces chefs étaient MM. Micolon, Montchoisy, Vieux, Vernerey, officiers d'artillerie; Chivaux, Deblou, d'Astugne, Manuel d'Avignon, Guillé, Carmier, de Vermondons, Chevalier, officiers d'infanterie; ces chefs formaient un conseil permanent de direction, dont je fus nommé secrétaire.

Nous n'avions mis de mystère dans la formation de notre association que ce qui était nécessaire pour ne pas attirer l'attention de nos gardiens espagnols; plusieurs de ceux qui avaient montré de l'opposition la première fois, se moquaient de notre projet comme d'une folie inexcusable, et qui s'évanouirait comme tant d'autres au moment de l'exécution ; quelques-uns nous conseillèrent d'y renoncer; il y en eut un qui alla jusqu'à menacer de nous dénoncer aux autorités espagnoles. Cette menace, loin de produire l'effet qu'en attendait son auteur, excita contre lui un *tolle* général, et nous affermit plus que jamais dans notre résolution. Seulement, à partir de ce moment, nous mîmes beaucoup plus de circonspection dans la manifestation de nos résolutions. Nos séances furent plus rares et plus secrètes ; on affecta de reprendre les habitudes journalières de jeu, de musique et de travaux divers dont j'ai parlé au commencement de ce chapitre. Cependant chacun de ceux qui étaient destinés pour agir quand le moment serait venu, se munissait secrètement de haches, de scies et de tous les instruments nécessaires ; les postes étaient assignés, le mot d'ordre était donné; de sorte qu'on n'attendait plus qu'un jour favorable pour donner le signal.

Ce jour tant désiré se fit attendre non-seulement tout le reste du mois de mars, mais encore tout le mois d'avril. Les temps orageux de l'équinoxe étaient passés, et la belle saison qui arrivait nous faisait craindre de plus en plus la persistance du beau temps. Enfin, le 14 mai, il s'éleva un vent d'ouest assez frais ; nos marins, à certains signes, reconnurent l'approche d'une tempête. Aussitôt chacun des conjurés est prévenu ; tout le monde se rend à son poste, et attend avec impatience le signal. L'orage redouble ; les coups de tonnerre se succèdent presque sans interruption ; la foudre sillonne les nuages dans tous les sens ; nos pauvres gardiens effrayés recommencent à prier avec ferveur. Tout à coup, entre deux éclats de tonnerre, on entend retentir les sons bruyants d'une trompette de cavalerie qui sonne le réveil; c'était le signal convenu. Au même instant deux ou trois d'entre nous se jettent sur chaque homme de garde et les désarment sans peine, tandis que ceux qui sont munis des instruments nécessaires se précipitent sur les câbles et les attaquent avec la hache et la scie. Qui le croirait? plusieurs commandants qui avaient eu vent de nos projets, mais qui pensaient que nous reculerions au moment de leur exécution, nous voyant cette fois sérieusement résolus, coururent aussi aux câbles, mais pour empêcher de les couper; l'un d'eux parvint même à s'emparer d'une scie et la cassa. La colère et l'indignation furent alors portées au comble; le capitaine Vernerey, à qui appartenait cette scie, s'élança sur le commandant; le capitaine était d'une taille au-dessous de la moyenne, mais d'une ardeur et d'un courage de lion; son adversaire était un colosse, d'une taille et d'une force herculéennes; et cependant il ne put résister à l'attaque impétueuse de Vernerey; en un instant celui-ci le culbuta, le renversa sur le pont et le fit rouler jusque dans l'escalier, puis il retourna vivement à sa besogne. Les autres chefs, voyant leur autorité complétement méconnue, ne furent pas tentés d'imiter leur camarade, et, dans la crainte d'être traités comme lui, ils se retirèrent prudemment.

Cet incident ne ralentit pas les efforts des travailleurs; à peine était-il terminé, que tous les câbles étaient tombés sous les coups de la hache, et que *la Vieille-Castille*, dégagée des liens qui la retenaient captive, flottait lentement vers le rivage, aidée par la double action du vent et de la marée. La tempête était si violente, que, malgré le tumulte qui avait régné à bord pendant l'opération de la rupture des câbles, les navires placés les plus près de nous n'avaient rien entendu. Dès que nous sentîmes que notre ponton était à flot, le silence succéda au bruit; les armes qui avaient appartenu à la garde furent distribuées entre un certain nombre d'officiers réputés les meilleurs tireurs; on établit une chaîne pour monter du fond de la cale les pierres, les boulets et les gueuses qui formaient le lest du vaisseau, et qui devaient nous servir de projectiles pour les jeter sur ceux qui tenteraient de nous prendre à l'abordage. Toutes ces opérations avaient été faites avec la rapidité de l'éclair, et en moins de temps que je n'en ai mis à l'écrire. A peine nous étions-nous éloignés de quelques encâblures du point de notre station, que les chaloupes canonnières placées près de nous pour nous surveiller s'aperçurent, à la lueur des éclairs, du mouvement de notre ponton. Aussitôt elles tirèrent sur nous plusieurs coups de canon; malgré la proximité, l'agitation des flots était telle, que leur tir ne pouvait avoir de justesse; un seul boulet atteignit la coque de notre navire et pénétra dans la seconde batterie, sans toucher personne; les autres passèrent par-dessus nos têtes. En même temps les vaisseaux en rade et les forts de la côte ouvrirent leur feu; c'était un spectacle émouvant et terrible que de voir l'atmosphère embrasée par les feux du ciel et par ceux de l'artillerie; que d'entendre, mêlés aux roulements du tonnerre, les détonations de cent cinquante bouches à feu, et les sifflements des vents, et le sifflement plus déchirant encore des boulets, et le mugissement des vagues; tout cela formant le concert le plus étrange et le plus sublime qu'il soit possible d'imaginer. Bientôt dix à douze chaloupes chargées de troupes s'approchèrent de nous; après nous avoir sommés de nous rendre, elles firent un feu de mousqueterie terrible pour dégarnir le pont et préparer ainsi l'abordage. Nous y répondîmes en lançant à la main, sur les embarcations ennemies, les pierres, les boulets et les gueuses que nous avions trouvés dans la cale, tandis que nos fusiliers tiraient presque à bout portant, et toujours à coup sûr. Leur feu n'était pas si nourri que celui de l'ennemi, d'abord parce qu'ils étaient beaucoup moins nombreux et qu'ils tenaient à ménager leurs munitions; mais tandis que la grêle de balles lancées par l'ennemi n'avait blessé que deux ou trois d'entre nous, et encore légèrement, pas un seul des coups de nos tireurs n'avait été perdu, et très-souvent ils faisaient coup double. L'ennemi, rebuté par cette résistance opiniâtre, renonça à l'abordage et se retira, emmenant vingt-trois hommes et un enseigne de vaisseau tués, et plus de cinquante mis hors de combat.

Alors le feu des canonnières et des bombardes redoubla d'activité; en même temps le vent mollissait ou ne soufflait que par rafales; le vaisseau continuait à dériver, mais quelquefois dans une direction contraire, quand le vent était plus faible. Pour remédier à cet inconvénient, nos officiers de marine disposèrent, avec des hamacs et des couvertures, des voiles si habilement orientées, qu'elles maintinrent le navire contre le courant et le forcèrent tout doucement à s'échouer à la côte. Pendant cette manœuvre, qui fut notre salut, M. Moureau, lieutenant de vaisseau, qui la dirigeait, fut tué d'un coup de mitraille sur son banc de quart.

Nous étions échoués à une grande distance du rivage, et notre situation était encore des plus critiques. Nous recevions à quart de portée le feu de Puntalès, celui de toutes les batteries qui sont sur la côte entre ce fort et Cadix, ainsi que les bordées d'une vingtaine de canonnières et d'autant de bombardes; mais nos efforts avaient été aperçus des Français; déjà leurs batteries répondaient à celles de l'ennemi, et avaient éteint le feu du fort Puntalès; malheureusement la force de la mer ne permettait pas de faire sortir des embarcations du Rio-Guadaleta et de San-Pedro, placés plus près de nous; il fallut en amener sur des voitures au Trocadero, et c'est de ce côté que se fit l'opération du sauvetage.

Cette opération commença à quatre heures du matin et dura sept heures; elle se fit sous un feu d'artillerie des plus vifs. « C'était un spectacle touchant, dit la relation officielle de cet événement, insérée au *Moniteur* du 21 juin 1810, un spectacle dont on peut rendre compte difficilement, que l'ardeur que chacun mettait à sauver ces prisonniers; officiers généraux, officiers particuliers, pontonniers, marins, canonniers, infanterie, les uns à la nage, les autres dans l'eau et la vase jusqu'aux épaules, quelques-uns sur des embarcations, tous s'empressaient à l'envi de donner des secours. Pendant huit heures consécutives, deux mille hommes du premier corps, officiers et soldats, se sont tenus dans l'eau sous les coups de cent cinquante bouches à feu, pour sauver leurs compatriotes... » Le rapport fait connaître la mort de M. Marmont, chef de bataillon d'état-major, et du capitaine d'artillerie de la marine Marion, tous deux tués sur le ponton. Sept ou huit personnes se sont noyées pendant l'opération du sauvetage, entre autres M. Lerisson, capitaine d'infanterie, et M. Berthey, lieutenant au quatrième régiment suisse. L'ennemi était parvenu avec des bombes et des obus à mettre le feu au ponton; trois fois il fut éteint par les personnes qui restaient encore à bord. Lorsqu'il fut entièrement évacué, une bombe de Puntalès vint éclater sur le pont, et bientôt il fut totalement consumé.

Il était à peu près six heures du matin lorsque je fus reçu dans une embarcation qui me porta rapidement au rivage; en arrivant sur la grève, je tombai à genoux, j'embrassai cette terre chérie depuis si longtemps l'objet de mes vœux, et je remerciai avec effusion de cœur le Dieu tout-puissant qui m'avait sauvé à travers tant de périls. En avançant sur la plage, je vis deux officiers de marine qui se promenaient et qui paraissaient diriger le débarquement. Je volai auprès d'eux, j'embrassai le premier que je rencontrai. C'était M. Grivel; il me serra dans ses bras, puis il me dit de m'éloigner au plus vite, parce que les boulets et les bombes de l'ennemi arrivaient encore jusqu'où nous étions, et même beaucoup plus loin. « Et pourquoi y restez-vous? répliquai-je. — Parce que je suis à mon poste; mais vous, vous n'êtes pas au vôtre, car nous avons la consigne de faire éloigner les prisonniers de la portée des projectiles ennemis. » Je connaissais les exigences du service militaire; il n'y avait rien à objecter; je me dirigeai vers Puerto-Real, et j'eus encore une assez longue distance à parcourir avant d'être hors de la portée des boulets. Le fait est qu'avant d'avoir parlé à M. Grivel, je ne m'étais pas aperçu du danger, et que je marchais en pleine sécurité, me croyant, une fois à terre, délivré de tous les périls.

CHAPITRE XII

Arrivée à Puerto-Real. — *Los puertos.* — Je me rends à Puerto-Santa-Maria. — Événements politiques et militaires. — Je suis attaché provisoirement à l'état-major de la place de Séville. — Excursion à Xérès. — Les colonnes d'Hercule. — Retour à San-Lucar. — J'y retrouve le gouverneur qui m'avait fait rendre mes effets. — Arrivée à Séville. — Situation et description de Séville. — Don Cayetano. — Jugement sur la nation espagnole.

Après avoir encore une fois, lorsque je fus hors de tout danger, remercié la Providence de m'avoir rendu ma liberté, je me hâtai d'en profiter. Je marchais ou plutôt je courais comme un fou ; j'étais réellement ivre de joie, et l'on comprendra ce transport quand on se rappellera que j'étais prisonnier depuis vingt-deux mois, et que, depuis quatorze ans que j'étais militaire, c'était la première fois que j'avais eu le malheur de tomber en captivité.

En arrivant à Puerto-Real, je trouvai cette petite ville tellement encombrée que, ne pouvant nous y loger, nous résolûmes, quelques camarades et moi, de nous rendre à Puerto-Santa-Maria, quartier-général du maréchal Soult, duc de Dalmatie, commandant le corps d'armée française qui occupait l'Andalousie. Les Espagnols désignent sous le nom générique de *los puertos* plusieurs petits ports placés à très-peu de distance les uns des autres, et qui forment une espèce de complément ou de dépendance de la rade de Cadix. Les principaux sont : San-Lucar-de-Barrameda, Rota, Chiclana, Santa-Maria, et Puerto-Real. Le port Sainte-Marie est une très-jolie petite ville, bien bâtie et régulière, avec des rues larges et propres, bordées de trottoirs ; il y a même une promenade plantée d'orangers. Comme ceux de Cadix, les habitants de Sainte-Marie sont plus civilisés, plus polis que les Espagnols de l'intérieur. Les relations sociales sont plus fréquentes et plus étendues dans les ports, où l'on voit continuellement des étrangers. Le long séjour de l'escadre de l'amiral Rosily dans la rade de Cadix avait familiarisé les habitants de Sainte-Marie avec les Français ; nos officiers se rendaient en foule dans cette ville, qu'ils affectionnaient particulièrement. Aussi les prisonniers qui y avaient été cantonnés avant leur embarquement sur les pontons, y avaient-ils reçu un accueil qui ne ressemblait guère à celui qu'on nous faisait dans le reste de l'Espagne. Tel était le motif qui avait engagé mes camarades à se rendre à Santa-Maria : ils y avaient trouvé dans leur infortune des hôtes compatissants, qui se montreraient sans doute non moins bienveillants pour eux, maintenant qu'ils avaient recouvré leur liberté. Ils ne furent point trompés dans leur attente ; partout on les reçut comme d'anciens amis qu'on revoit après un long et périlleux voyage. Grâce à eux, je partageai cet accueil, et je trouvai enfin un toit hospitalier où il me fut permis de me reposer de tant de fatigues et de dangers.

Pendant mon séjour à Sainte-Marie, je me mis au courant des nouvelles, dont j'avais été privé si longtemps, et j'appris tous les événements qui s'étaient passés depuis ma captivité, ou que je n'avais connus que très-imparfaitement. Partout les armes françaises avaient triomphé, et les troupes de ligne espagnoles n'avaient nulle part tenu cette fois devant les véritables vainqueurs d'Austerlitz et d'Iéna, conduits par Napoléon en personne et ses meilleurs généraux. Joseph Bonaparte était rentré à Madrid le 22 janvier 1809, et à la fin du même mois, l'empereur, satisfait d'avoir rétabli son frère sur le trône d'Espagne, était reparti pour Paris. Pendant le reste de l'année 1809, les Français continuèrent à s'avancer, mais non plus en s'éparpillant comme la première fois. A mesure qu'ils occupaient un pays, ils en organisaient l'administration et se préparaient à de nouvelles conquêtes. Les faits d'armes les plus remarquables de cette campagne sont : le second siége et la prise de Saragosse ; la bataille de Talaveira-de-la-Reina (27 juillet), où les Français défirent, après une vigoureuse résistance, les forces anglaises amenées par sir Artur Wellesley, dans la vallée du Tage, et réunies à l'armée espagnole de Gregorio Cuesta ; enfin la bataille d'Almonacid (11 août), où une autre armée espagnole commandée par Venegas fut complétement défaite.

En même temps que l'armée française remportait des victoires pour raffermir Joseph sur le trône d'Espagne, ce prince promulguait des règlements pour modifier l'état politique du pays, ou pour frapper les partis qui lui étaient contraires. Le plus grand nombre de ces décrets étaient sages et dictés par les principes d'une bonne administration ; ils rallièrent à sa cause beaucoup d'Espagnols des classes élevées de la société ; mais ils ne produisirent aucun effet sur le peuple, qui, les eût-ils trouvés bons en eux-mêmes, ne les aurait pas moins repoussés à cause de la source d'où ils provenaient.

Depuis la désastreuse affaire de Baylen, les Français n'étaient pas rentrés en Andalousie. Dès que leur puissance fut bien affermie dans le nord de la Péninsule, ils songèrent à pénétrer dans le midi. Au commencement de janvier 1810, ils traversèrent la Sierra-Morena, et arrivèrent à la Caroline. A leur approche, la junte suprême du gouvernement, qui occupait toujours Séville, se retira dans l'île de Léon, près de Cadix. Elle y fut bientôt suivie par les débris des troupes espagnoles qui étaient en Andalousie. Le mouvement de ces dernières fut déterminé par les progrès des Français, qui s'avançaient de toutes parts. Le 27 janvier, sous la conduite de Sébastiani, ils entrèrent à Grenade. Le 31, commandés par le maréchal Victor, ils arrivèrent devant Séville, et se préparèrent à l'attaquer; mais la ville ayant demandé à capituler, ils y entrèrent le lendemain, 1er février.

En présence de tous ces désastres qui frappaient les défenseurs de l'indépendance nationale, les membres de la junte centrale réunis à l'île de Léon, sentant la nécessité de concentrer l'autorité dans un plus petit nombre de mains, nommèrent une régence composée de cinq membres, et lui transmirent tous les pouvoirs dont ils étaient investis. Les régents choisis par la junte furent l'évêque d'Orena, le général Castagnos, le général de marine don Antonio Escagnos, don Francisco de Saavedra, conseiller d'État, et don Miguel de Lardizabal.

Bientôt le maréchal Soult, à la tête du premier corps, s'était avancé jusque sur la côte méridionale et avait commencé à resserrer les Espagnols dans Cadix. C'est alors que l'espoir de notre délivrance avait pénétré dans nos cœurs, et qu'enfin, grâce à Dieu, nous avions réussi dans notre téméraire entreprise. Malheureusement notre évasion rendit plus rigoureux le sort des prisonniers restés sur les autres pontons : une partie fut envoyée dans l'île de Cabrera, où ils eurent à souffrir les plus horribles privations; les autres furent emmenés sur les pontons d'Angleterre, où ils eurent aussi de cruelles souffrances à endurer, et ce ne fut qu'en 1814 que ceux qui survivaient furent enfin rendus à la liberté.

Dès le lendemain de mon arrivée à Sainte-Marie, j'allai trouver le chef d'état-major du premier corps afin de régulariser ma position. Ma santé était loin d'être rétablie, et je désirais obtenir un congé de convalescence, ne me sentant pas en état de reprendre un service actif. D'après le conseil du chef d'état-major, j'adressai ma demande au ministre de la guerre; mais comme il devait s'écouler un temps considérable avant qu'il fût possible d'obtenir une réponse, il m'attacha provisoirement à l'état-major de la place de Séville, fonctions qui seraient pour moi presque une sinécure, et me permettraient d'attendre, avec les appointements de mon grade, la décision du ministre.

Comme je ne devais me rendre à ma destination que dans quelques jours, je profitai de ce temps pour aller voir un de mes anciens amis, le commandant Ollivier, qui occupait Xérès avec son bataillon. La distance de Sainte-Marie à Xérès n'est que de huit kilomètres. Je fis ce trajet à pied, non qu'il m'eût été facile d'avoir un cheval, mais vingt-deux mois de séjour sur les pontons me rendaient l'exercice des jambes salutaire. La route n'offre rien de remarquable, sinon que vers le milieu on trouve deux piliers en moellons avec cette inscription : *Nec plus ultrà*. Mon guide, qui était de Santa-Maria, m'assura avec beaucoup de sang-froid que c'étaient là les vraies colonnes élevées par Hercule quand il ouvrit la montagne qui séparait les deux mers, et qui forme aujourd'hui le détroit de Gibraltar. Il était si fier de me faire voir ce monument, qui remonterait selon lui jusqu'aux temps fabuleux, que je n'eus pas le courage de chercher à le détromper ni à lui démontrer la fausseté de sa ridicule légende. Je me contentai, après un examen attentif des colonnes, de leur forme, de leur état de vétusté, de l'appareil employé dans leur construction, de reconnaître que ce monument ne remontait pas au delà du XVIe siècle. Mon compagnon de voyage n'en continua pas moins imperturbablement sa narration, entremêlée de combats entre les chrétiens et les Maures ; car il faisait d'Hercule un vrai chevalier errant, et il n'avait pas encore terminé son histoire, que nous étions arrivés au terme de notre voyage.

Je fus accueilli par mon camarade Ollivier comme on peut l'être par un ami sincère et dévoué. Nous ne nous étions pas vus depuis dix ans, époque à laquelle je l'avais laissé au Caire quand je m'embarquai pour la France avec Desaix (1). Que de choses nous avions à nous raconter ! Pendant trois jours que je passai avec lui, nous ne pûmes épuiser tout ce que nous avions à nous dire mutuellement ; il est vrai que, pour me faire fête, le commandant interrompait souvent notre conversation par de longs et somptueux repas, arrosés, comme il disait, de petit vin du cru, c'est-à-dire de ce fameux vin de Xérès qui n'a de rival que le vin de Malaga. Ce traitement, soutenait le commandant, m'était nécessaire pour me refaire un peu l'estomac, délabré par le régime des pontons ; pour moi, je suis convaincu que, s'il eût duré quelques jours de plus, je serais retombé malade.

Le quatrième jour, je revins à Sainte-Marie ; je reçus ma commission des mains du chef d'état-major. Je pris congé de lui, et je me rendis à San-Lucar-de-Barrameda, où je devais m'embarquer : cette ville me rappelait de cruels souvenirs. J'appris que le gouverneur espagnol qui m'avait fait rendre mon habit et ma montre avait prêté serment au roi Joseph, et qu'il avait été conservé dans ses fonctions. J'allai le voir pour le remercier ; il me reçut à merveille, parut enchanté de me voir en li-

(1) Voir *les Français en Égypte* (dernier chapitre), par l'auteur, 1 vol. in-8°, Alfred Mame et fils.

berté, et m'assura que, sur son rapport, le chef de bandits qui m'avait si indignement exploité avait été sévèrement puni à Cadix. J'eus quelque peine à le croire, car les autorités espagnoles ne punissaient pas un homme pour avoir volé et maltraité un Français; mais comme je n'étais nullement tenté d'aller me reconstituer prisonnier pour m'assurer de la réalité du fait, je feignis d'y ajouter foi, je lui renouvelai mes remercîments, et je pris congé de lui. Le lendemain matin, je m'embarquai sur le Guadalquivir pour me rendre à Séville, où j'arrivai à neuf heures du soir.

Mon séjour dans la capitale de l'Andalousie se prolongea beaucoup plus que je n'en avais eu l'intention, puisque je ne quittai cette ville qu'au moment où l'armée française évacua l'Andalousie. Depuis cette époque il ne se passa rien d'intéressant qui me fût personnel; j'employai la plus grande partie de mon temps à observer, selon mon habitude, les hommes et les choses, et je vais résumer le plus succinctement possible le résultat de mes remarques.

Séville est située dans une belle plaine d'une grande fertilité, sur la rive gauche du Guadalquivir. Un proverbe espagnol dit : *Quien no ha visto Sevilla, no ha visto maravilla* : Qui n'a pas vu Séville, n'a pas vu de merveille. Il s'en faut de beaucoup pourtant que Séville soit une merveille. La ville est grande et mal bâtie; ses rues, inégales, circulaires ou tortueuses, sont fort étroites; mais quelques beaux édifices s'y font remarquer. Sa position magnifique et très-favorable au commerce en a fait dans tous les temps une des principales cités d'Espagne. Elle est éloignée de cent kilomètres de l'Océan; mais le Guadalquivir est navigable, et les navires marchands le remontent jusqu'à Séville. La flotte des Maures vint y débarquer au temps où le Cid remporta sur eux une victoire signalée ; il est vrai que les vaisseaux des Maures étaient loin de ressembler à nos bâtiments de guerre d'aujourd'hui, et peut-être n'étaient-ils guère plus grands que ces barques des Normands qui pénétraient dans les principaux fleuves de France, qui remontaient la Seine jusqu'à Paris et même bien au delà.

Séville n'est pas une place forte, quoique entourée de remparts flanqués de tours; mais l'invention de la poudre a fait changer de destination à ses murailles. Elles ne servent plus ajourd'hui, de même qu'à Dijon, à Avignon, à Tours et dans beaucoup d'autres villes de l'intérieur de la France, que comme murs d'enceinte pour arrêter la contrebande, ou comme promenades à l'usage des habitants. L'enceinte de Séville remonte, à ce qu'il paraît, aux Romains; les murailles en sont belles, hautes, flanquées de cent soixante-six tours. Cette enceinte est percée de douze portes; celle de Triana est d'architecture dorique, ornée de colonnes et de statues; elle s'ouvre sur un beau pont jeté sur le fleuve, et qui conduit à Triana, faubourg si considérable qu'on le prendrait pour une petite ville.

Le climat de Séville est admirable; quand il gèle en hiver, ce qui arrive rarement, à peine est-ce assez fort pour donner à la glace quelques millimètres d'épaisseur. Le terroir est d'une grande fertilité; les orangers, les citronniers le couvrent de leur ombrage, et l'air est embaumé par le parfum délicieux de leurs fleurs. Le palmier, l'aloès, croissent aux environs de Séville; les palmiers y deviennent fort beaux, j'en ai vu de très-vieux et d'une hauteur extraordinaire : cet arbre décore admirablement les paysages de l'Andalousie; mais il n'y porte pas de fruits. L'aloès, la roquette y forment des haies impénétrables; le philoteau est un grand arbre, tandis que dans le midi de la France la roquette et le philoteau ne s'élèvent pas au-dessus des plantes herbacées, et, comme elles, périssent aux approches de l'hiver. On voit plusieurs philoteaux de la plus haute taille sur les bords du Guadalquivir, tout près de la promenade appelée *el Salon*. Sous ce beau ciel, la végétation est d'une activité surprenante; le câprier croît spontanément sur le bord des chemins, et l'on mange une espèce d'artichaut qui se reproduit sans culture le long des remparts et sur les terrains abandonnés. Les melons, les pastèques, les ananas, les fruits de toute espèce abondent et sont d'un goût exquis, d'une beauté rare.

Les habitants de Séville sont plus civilisés que ceux de la plupart des autres provinces de l'Espagne. Les gens du bon ton y sont d'une société fort agréable, et le bas peuple y est bien moins dangereux qu'à Madrid. Les femmes de Séville sont renommées pour leur beauté et leur amabilité; elles ont ce bon air, cette bonne grâce que les Espagnols désignent par le mot *garbo*, et surtout cette vivacité spirituelle et piquante, ce charme ravissant qu'on appelle *salero*, mot intraduisible qui ne s'applique qu'aux Andalouses.

La population de Séville était autrefois très-considérable; on y comptait trois cent mille habitants dans le XVe siècle, et dans le XVIIe les seules manufactures de soie occupaient cent trente mille personnes. Le commerce de Séville ayant été transporté à Cadix, sa population, que l'expulsion des Maures avait déjà diminuée notablement, a été réduite à cent mille âmes environ.

Séville est le siége d'un archevêché; l'église métropolitaine est un grand et somptueux édifice du style gothique; l'intérieur, richement orné, est divisé en cinq nefs. Le maître-autel a été construit, ou plutôt commencé, dans les premières années du XVIe siècle.

Trois artistes y ont travaillé : Alexis Fernandez, de 1508 à 1525, Arfian et Antoine Ruiz, qui l'ont achevé en 1551. Ce grand travail peut éblouir le vulgaire ; mais l'homme de goût y trouve des défauts essentiels. Rien n'est plus lourd que ces ornements contournés sans motif et sans grâce, que cette foule de petites niches superposées, dont chacune renferme un tableau en relief sculpté en bois de cèdre et rehaussé de peinture et de dorure. A côté de la cathédrale s'élève la fameuse tour de la *Giralda* ; elle est carrée ; sa hauteur est de quatre-vingt-six mètres, et sa largeur sur chaque face est de quinze. Cette tour est en briques ; au tiers de sa hauteur commencent divers rangs de fenêtres ornées de trois colonnes de marbre blanc ou mélangé ; elle se termine en une petite coupole surmontée d'une figure allégorique en bronze doré représentant la Foi et faisant l'office de girouette (*giralda*), d'où lui vient son nom ; cette statue pèse trente-quatre quintaux, et cependant tourne au moindre vent. Du haut de cette tour la vue s'étend à plus de quinze lieues d'Espagne ; on n'y monte point par un escalier, mais par une rampe si douce qu'un cheval pourrait la gravir au trot.

L'*Alcazar* est l'ancien palais des rois maures, achevé et agrandi par Pierre le Cruel et ses successeurs. Ce palais mérite, par la bizarrerie de sa construction, par les ornements qui y sont prodigués, et par la beauté de ses jardins, l'attention des voyageurs. La cour principale de cet édifice est pavée en marbre ; elle est entourée de deux rangs de galeries superposées, soutenues par cent quatre colonnes accouplées, d'ordre corinthien, également en marbre ; les arcades sont couvertes d'ornements arabes. On a réuni dans l'*Alcazar* des antiquités précieuses, des statues en marbre, dont quelques-unes sont colossales.

L'hôtel de ville, appelé, je ne sais pourquoi, par le peuple *la Maison de Pilate,* quoiqu'elle soit habitée par les ducs de Medina-Cœli, renferme une belle collection d'antiquités. La manufacture des tabacs, la fabrique de cuirs anglais, la fonderie de canons, doivent être visitées par le voyageur qui s'arrête à Séville.

Dans cette cité, on n'habite qu'une moitié des maisons; l'autre reste toujours vide. Le rez-de-chaussée est occupé pendant l'été; on monte au premier étage pour y passer l'hiver, et l'on ne voit aucune espèce de tapisserie, même dans les maisons les plus richement meublées. Les murs de l'appartement qu'on doit habiter sont blanchis à la chaux au commencement de chaque saison, et l'on transporte dans le nouveau logement les meubles de celui qu'on quitte. On est obligé de laisser les murs à découvert, pour se garantir plus aisément des insectes malfaisants, qui trouveraient une retraite sûre derrière les tapisseries.

Pendant les six premiers mois de mon séjour à Séville, j'occupai le même logement. Mon hôte était un chanoine de la cathédrale, ex-membre du saint office quand l'inquisition existait. C'était un homme instruit, d'excellent cœur, franc, loyal, disant ouvertement sa pensée. Il se montra à mon égard plein de complaisance et d'affabilité, et bientôt nous fûmes liés d'une étroite amitié, dès qu'il eut reconnu en moi des principes et des sentiments religieux conformes aux siens. Il me servit de guide dans mes recherches stastistiques et archéologiques; il me donna sur son pays des renseignements précieux, rectifia mon jugement sur bien des choses, et m'apprit à juger plus sainement la nation espagnole que je ne l'avais fait jusqu'alors. Je crois d'autant mieux à la justesse des appréciations que j'ai pu faire par suite de mes conversations avec don Cayetano (c'était le nom de mon hôte), et par suite aussi de mes propres observations, que ces appréciations se sont trouvées conformes, à peu de chose près, à celles d'un homme aussi remarquable par la justesse de son coup d'œil, la profondeur de ses vues, la sagacité de son jugement, que par ses talents comme guerrier, comme écrivain et comme orateur. En reproduisant ce que le général Foy a écrit sur ce sujet, je ne fais qu'exprimer mes propres pensées, seulement beaucoup mieux que je n'aurais pu le faire moi-même. Je n'ai pas besoin de faire observer au lecteur qu'il est ici question de l'Espagne à l'époque de l'invasion française, c'est-à-dire il y a près de cinquante ans.

« Depuis un siècle on s'était, pour ainsi dire, accoutumé à ne plus considérer les peuples de la Péninsule comme faisant partie de la grande famille européenne. Pas une idée, pas une impulsion, pas une découverte, pas une impression ne venait de ce côté des Pyrénées. Les Espagnols voyagent peu ; ceux qui voyagent perdent vite le cachet propre de leur pays. D'ailleurs on ne connaît, on n'apprécie bien les peuples que chez eux.

« Cette Espagne, si peu connue, est une grande et noble ruine, où l'on rencontre de nobles proportions, des masses colossales et une foule de richesses enfouies. Le peuple espagnol a brillé sur la terre sans avoir traversé la civilisation. Il ne s'est pas mêlé aux autres peuples ; il est resté avec ses habitudes et ses vertus natives. C'est un roi détrôné qui n'a pas perdu le souvenir de sa puissance, et que l'infortune a renversé sans l'humilier.

« La loyauté est la base du caractère des Espagnols ; ils sont habituellement calmes, mais de ce calme qui vient du silence, non de l'absence des passions. La tempérance et la modération dans les désirs ne leur commandent pas le travail ; ils sont inertes et paresseux.

Aucun peuple sous un gouvernement despotique n'a conservé à leur égal le sentiment de la dignité de l'homme. Les Anglais leur disputent cet avantage ; chez les Anglais, c'est le résultat de l'organisation sociale ; chez les Espagnols, c'est instinct, et cet instinct est plus remarquable dans la classe inférieure que dans les hauts rangs de la société. Peu avides de gain, peu enclins aux vices honteux, religieux, croyants, enthousiastes, ils honorent le talent, le courage, l'infortune. Ils sont susceptibles de dévouement. Éloignés de l'abrutissement où plongent les intérêts corporels, tout ce qui élève l'âme les frappe et les enlève. Peu faits pour être pliés à une organisation régulière, pas assez esclaves des besoins physiques, trop ardents, trop élevés pour être soumis à la discipline sociale, plus propres à l'élan qu'à ce qui exige de la suite, c'est chez eux qu'on a dit : « Il fut « brave tel jour. »

La nation espagnole se divise en quatre classes distinctes par leurs mœurs, par leurs intérêts, par leurs habitudes : la haute noblesse, le clergé, l'ordre moyen et le peuple.

« Un vingtième des Espagnols sont nobles de naissance (*hidalgos,* fils des Goths), proportion énorme. Cette noblesse, quoique réelle, puisqu'elle assure des privilèges personnels à ceux qui la possèdent, offre à peine une nuance dans la société. Ces hidalgos ne se distinguent des autres citoyens, ni par l'élégance du langage, ni par les formes de la politesse, ni par les vertus, ni par les vices. Il y a des provinces où la moitié de la population est d'hidalgos.

« Sept à huit cents familles de grands, de titrés de Castille, ou proches parents des grands et des titrés, forment la haute noblesse. Elle a l'ignorance, la paresse, l'inertie de la nation, sans en avoir la loyauté, la franchise, l'élan; presque tous habitent Madrid ou les grandes villes. A l'exception d'un petit nombre, ils sont étrangers à leurs immenses propriétés, qu'une armée d'agents exploite en leur nom, mais à leur profit...

« Le clergé espagnol est de cent cinquante mille individus, nombreux dans les villes, répandus dans les campagnes, introduits partout. Il possédait, à l'époque de l'arrivée des Français, un quart des propriétés territoriales de la monarchie. Les moines faisaient plus de la moitié de l'ordre ecclésiastique. Ils formaient au milieu de l'État une république indépendante, qui avait ses maximes, sa règle de conduite; c'était le ferme soutien de la royauté absolue. Les couvents se peuplaient en général des classes inférieures de la société. Les moines espagnols étaient en général ignorants, mais réglés dans leurs mœurs. Les couvents n'étaient pas des lieux de désordre. Les moines étaient peuple, tout à fait peuple; et comme ils étaient un peu plus éclairés que leurs compatriotes, ils avaient sur eux une grande influence. Le clergé séculier était loin d'avoir l'ensemble et la consistance du clergé régulier. Il était plus disséminé, plus mondain, mais aussi beaucoup plus instruit. Les évêques étaient riches, et recommandables par l'emploi qu'ils faisaient de leurs richesses. Le peuple était accoutumé à les révérer; ils le méritaient par leurs vertus et leur doctrine. La monarchie venant à se dissoudre, les évêques sont les chefs-nés de la population.

« L'ordre moyen se compose des hidalgos répandus dans les provinces, dans les petites villes, dans les villages; des agents de l'autorité et de tous ceux qui courent la carrière des fonctions publiques, même dans une grande élévation. Il faut y compter aussi une foule de membres du clergé séculier, les avocats, les écrivains, les juges et autres gens de justice très-nombreux, trop nombreux pour un peuple où il y a peu de propriétaires et pas de matières à procès. On doit comprendre aussi dans l'ordre moyen les intendants, les fermiers, les agents des propriétés des grands et du clergé, les médecins, chirurgiens, apothicaires, les étudiants des universités, les commerçants dans les grandes villes ; enfin, les *hacendados*, petits propriétaires épars sur la surface du royaume. C'est dans cette classe que les idées nouvelles, dites libérales, avaient pénétré le plus profondément.

« La classe inférieure de la société se compose des paysans et de la populace des grandes villes. Comme il y a peu de grandes villes, il y a peu de populace. Ces aventuriers du bas peuple, que les romans du XVIe siècle ont fait connaître à l'Europe, n'existent que dans les romans, et n'appartiennent pas à l'histoire. Le peuple et les paysans ont de grandes habitudes de religion... Les prêtres, et surtout les moines, ont sur eux beaucoup d'empire. Ils ne connaissent des grands que les noms, mais ils ont un pieux respect pour l'autorité royale. Dieu et le roi, est le cri de la classe inférieure. Elle n'est tourmentée ni par la jalousie de l'égalité, ni par la soif de la liberté. Qu'est la noblesse dans un pays où une foule de muletiers sont nobles, où des domestiques, en entrant en condition, montrent les parchemins de leurs ancêtres (1)?... Car en Espagne, par une bizarrerie singulière, la domesticité paraît moins déshonorante qu'une profession quelconque. Pendant ce temps, disent-ils, la noblesse sommeille ; mais dans le commerce elle s'éteint.

« Quelque absurdes que soient de pareilles idées, il est certain qu'on ne peut s'empêcher d'admirer cette fierté naturelle qui existe dans les Espagnols de toutes

(1) Le général Foy, *Histoire de la guerre de la Péninsule*, t. II.

les classes, cet honneur héréditaire que rien n'a pu altérer, qui se manifeste dans toute leur conduite, qui imprime un caractère de noblesse à leur démarche, à leur maintien, à leurs moindres expressions; qui leur fait préférer la pauvreté dans leur terre natale à une meilleure existence dans un pays étranger; qui semble enfin un composé de la dignité patriarcale des Orientaux et des vertus austères des premiers chrétiens (1). »

Le peuple nous détestait; il faut convenir que ce n'était pas sans raison, nous ne nous étions pas conduits chez lui de manière à nous faire aimer. Cependant chaque Espagnol, malgré sa haine pour notre nation, accordait son affection particulière à quelque Français; et chaque Français avait des amis en Espagne, et souvent des amis d'un dévouement à toute épreuve. Je suis moi-même, ainsi qu'on a pu le voir, une preuve de ce que j'avance, et je n'ai presque pas rencontré un seul officier français qui, pendant un séjour plus ou moins prolongé en Espagne, n'eût contracté quelqu'une de ces liaisons fondées sur une estime réciproque, et qui ont parfois résisté au temps et aux vicissitudes de la guerre.

(1) M. Alexandre de Laborde, *Itinéraire descriptif de l'Espagne.*

CHAPITRE XIII

Suite des événements politiques et militaires. — Jugement de don Cayetano sur le décret de suppression des couvents. — Son jugement sur l'inquisition en général et sur l'inquisition d'Espagne en particulier. — Bataille des Arapiles. — Défaite des Français. — Les guerrillas. — Leur composition. — Principaux chefs. — Services qu'ils ont rendus à l'indépendance de leur pays. — Entrée à Madrid de l'armée anglo-espagnole. — Nous nous préparons à évacuer l'Andalousie. — Je suis nommé chef d'escadron d'état-major. — Je quitte Séville avec l'armée. — Arrivée à Grenade. — Marche sur Madrid. — Arrivée à Aranjuez. — Arrivée à Madrid. — Mon départ pour la France. — Fin de la guerre d'Espagne.

Pendant la durée de mon séjour à Séville, l'armée française ne cessa d'étendre ses conquêtes (de mai 1810 à mai 1812). Chaque jour voyait tomber quelqu'un des remparts derrière lesquels s'étaient retranchés les partisans de Ferdinand VII. Le 14 mai 1810, la ville de Lérida tomba au pouvoir des Français; le 10 juin, la forteresse de Ciudad-Rodrigo se rendit au maréchal Ney; le 1er janvier 1811, le général Suchet s'empara de la ville de Tortose, après dix-huit jours de siége, dont treize de tranchée ouverte. Le 19 février, le maréchal Soult gagne la bataille de Gebora contre le général espagnol Carrera, se porte ensuite sur Badajoz, en fait le siége, et force la ville de se rendre le 10 du mois suivant. Le 5 mars, le maréchal duc de Bellune bat à Chiclana, près de Cadix, une division de six mille Anglais et de huit mille Espagnols débarqués à Algésiras. Le 16 mai, bataille d'Albuféra, une des plus sanglantes de cette guerre, et qui fut sans résultat; mais un mois plus tard, le 26 juin, le maréchal Soult force les Anglais à lever le siége de Badajoz. Le 28 juin, les Français emportent d'assaut la ville de Tarragone. Le général Suchet, qui les commandait, est pour ce fait d'armes nommé maréchal d'empire. Le 23 octobre, victoire de Sagonte, gagnée par le nouveau maréchal. Le 9 janvier 1812, le maréchal Suchet force la ville et la citadelle de Valence à capituler, et pour ce nouveau succès il reçoit le titre de duc d'Albuféra.

Pendant ce temps-là, le territoire qui reconnaissait encore l'autorité de Ferdinand VII allait chaque jour se rétrécissant, et les pouvoirs de la régence ne s'étendaient guère au delà de Cadix et de l'île de Léon. Elle avait convoqué les cortès; celles-ci travaillaient alors à la rédaction de cette fameuse constitution de 1812, qui prouve à quel point, comme je l'ai déjà dit, les idées libérales et même démocratiques avaient pénétré dans la classe moyenne.

De son côté, le roi Joseph se montrait animé des meilleures intentions, et cherchait tous les moyens possibles d'adoucir le sort des Espagnols; ses mesures étaient appréciées par un certain nombre d'hommes appartenant à la classe moyenne, soit comme attachés à des fonctions publiques, soit comme propriétaires, soit même comme membres du clergé séculier. Don Cayetano était de ces derniers, et je l'ai entendu approuver sans restriction un grand nombre des décrets de Joseph; mais il en était un qu'il blâmait comme très-impolitique et tout à fait inopportun : c'était celui de la suppression des couvents d'hommes et de femmes. « Par cette mesure, me disait-il, le roi Joseph a voulu donner satisfaction aux idées philosophiques du siècle; mais ces idées sont loin d'être celles du peuple espagnol; il les repousse, au contraire, de toutes ses forces, comme offensant ses idées religieuses, qui sont, à lui, ses seules idées philosophiques. Il y avait, dira-t-on, des abus dans les couvents : j'en conviens, mais n'était-il pas plus naturel de corriger ces abus que de supprimer les ordres religieux? De tout temps les abus se sont glissés dans les meilleures institutions, et les couvents n'en ont pas été plus exempts que toute autre institution humaine. Mais est-ce une raison pour méconnaître les services rendus autrefois par les monastères, et ceux qu'ils rendent encore aujourd'hui? Plusieurs fois, dans les siècles passés, on s'est plaint des abus qui se commettaient dans certains ordres religieux : qu'arrivait-il alors? Quelque saint personnage, comme votre compatriote saint Bernard, ou comme notre Espagnole sainte Thérèse, apportait une réforme salutaire aux abus, et rendait aux vertus claustrales tout leur éclat primitif. Quant à la suppression d'un couvent ou d'un ordre, la puissance temporelle ne se le serait jamais permis sans des motifs très-graves, et seulement d'accord avec le souverain pontife, qui seul, après une enquête sévère, à le droit de supprimer un ordre religieux, parce que lui seul a le droit d'en approuver l'institution. Et voilà qu'aujourd'hui un pouvoir établi par la violence et maintenu par la force, un pouvoir né d'hier et dont l'existence est sans cesse contestée, se permet de détruire ces vieilles institutions fondées par nos ancêtres, et qui ont, elles, des racines si profondes dans le cœur de la nation espagnole! Je dis qu'une telle mesure est tout à fait impolitique, et qu'elle n'aura d'autre effet que de donner à l'insurrection de nouveaux chefs dans une foule de jeunes moines à la tête ardente, qui, jetés hors du cloître où ils eussent vécu paisiblement dans l'accomplissement de leurs devoirs religieux, iront prêcher au peuple la croisade contre les ennemis de Dieu et du roi légitime. »

Je fus forcé de convenir de la justesse des réflexions de don Cayetano. « Mais, m'empressai-je d'ajouter, si je reconnais avec vous qu'il eût été plus sage d'apporter aux couvents une réforme salutaire que de les supprimer brutalement, il est un autre décret de Joseph que j'approuve pleinement : c'est celui qui abolit le tribunal de l'inquisition. Je sais, continuai-je, que je parle devant un ancien membre de ce tribunal, et je m'attends que vous allez blâmer sa suppression avec non moins d'énergie que vous en avez mis à condamner la suppression des ordres religieux ; mais je vous préviens d'avance qu'à cet égard vous ne parviendrez pas à me convaincre. Je suis catholique, vous le savez ; j'aime ma religion, et c'est pour cela que je déteste une institution qui lui a fait beaucoup plus de mal que de bien, une institution que je crois contraire aux préceptes mêmes de l'Évangile, et qui n'a pas peu contribué à entraîner l'Espagne dans la décadence où elle est tombée depuis si longtemps. »

Don Cayetano souriait en m'écoutant ; puis, quand j'eus fini, il reprit avec douceur : « Je me garderai bien de tenter de soutenir une thèse que vous avez déjà condamnée d'avance. J'irai plus loin, j'approuverai même sans réserve, avec vous, la suppression du tribunal royal de l'inquisition, comme une institution depuis longtemps tombée en désuétude, et qui n'était plus qu'un rouage inutile dans l'organisation gouvernementale actuelle. Seulement, vous me permettrez de rectifier vos idées relativement à l'inquisition elle-même, que bon nombre de catholiques peu instruits regardent comme contraire à l'Évangile et nuisible à la religion. Quant au tribunal de l'inquisition royale d'Espagne, je vous en ferai bon marché, et, quoique je sois un ex-familier du saint office, je vous répète que j'applaudis à sa suppression. Mais que des écrivains de mauvaise foi ou d'une coupable légèreté, comme il s'en est tant trouvé de nos jours, non-seulement parmi les hérétiques et les incrédules, mais même, je le répète, parmi des catholiques peu instruits, redisent sur tous les tons que l'Église, en établissant l'inquisition, a poussé les princes temporels dans la voie sanglante des persécutions et des massacres pour se défaire des hérétiques, qui n'avaient pour eux que les armes du raisonnement, voilà ce que je nie de toutes mes forces, et j'espère vous démontrer en peu de mots la fausseté de ces assertions.

« D'abord ce n'est pas l'Église qui a inventé l'inquisition. Cette institution se retrouve, sous un nom ou sous un autre, dans toute société domestique ou publique. Dans la famille, le grand inquisiteur est le père ; il veille sur les enfants, les domestiques, les journaliers. Chacun fait-il son devoir, il se rassure; la surveillance est moins rigide. Remarque-t-il quelque chose de suspect, son œil est partout, sans qu'on l'aperçoive. Un regard, un geste, un mot à l'oreille avertit le coupable : admonition mystérieuse, inattendue, qui inspire la retenue et la crainte. Ne suffit-elle pas, la correction s'aggrave. Le sujet est-il incorrigible, il est expulsé de la famille. La loi de Moïse ordonnait au père et à la mère de le dénoncer aux sénateurs de la ville, qui lui faisaient alors subir la peine portée par cette même loi (1). Voilà donc l'inquisition domestique abandonnant au bras séculier, comme le fera plus tard l'inquisition ecclésiastique et royale, le coupable impénitent.

« Ce qui se passe dans la famille a lieu également dans toute espèce de société et de gouvernement, qu'il soit monarchique, aristocratique ou démocratique. Le grand

(1) Deutéronome, XXI, 18-21.

inquisiteur de la république romaine était le censeur; dans les gouvernements modernes, c'est le ministre de la police générale, qui en fait les fonctions avec l'aide de ses commissaires et de ses agents publics ou secrets. Dans toute société régulièrement organisée, une institution de cette nature est indispensable pour veiller au salut de la société, et condamner et rejeter de son sein ceux qui chercheraient à la renverser, ou qui par leurs vices ou leurs crimes pourraient porter préjudice à son salut ou à son avenir. Ceci est une question de vie et de mort pour les sociétés civiles, et à plus forte raison pour les sociétés religieuses, que les erreurs, les fausses croyances peuvent détruire, comme les conspirations et les complots renversent les sociétés civiles. Ainsi donc toute société civile et religieuse a le droit, et je dirai plus, a pour obligation d'établir une juridiction spécialement chargée de veiller à sa sûreté, comme il est du devoir d'un général d'armée d'établir autour de son camp des gardes et des sentinelles qui surveillent avec soin les mouvements et les tentatives de l'ennemi.

« La société chrétienne n'a pas failli à ce devoir, et dès les premiers jours de sa fondation elle a établi des *surveillants*, des *inspecteurs*, sous le nom d'évêques (1), chargés de veiller au maintien de la pureté de la foi, et de rechercher et de condamner toute doctrine qui pourrait tendre à l'altérer. Saint Paul écrit à l'évêque d'Éphèse : « O Timothée, gardez le dépôt qui vous a été confié, évitant les profanes nouveautés de paroles et toute doctrine contraire qui porte faussement le nom de science (2). » Dès les premiers jours du christianisme

(1) Le mot grec ἐπίσκοπος, en latin *episcopus*, d'où nous avons fait évêque, signifie surveillant, inspecteur.

(2) O Timothee, depositum custodi, devitans profanas vocum novitates, et oppositiones falsi nominis scientiæ. (*I Tim.*, VI, 20 et 21.)

également, les apôtres et les évêques ont jugé et excommunié les hérétiques et tous ceux qui par leurs vices ou leurs erreurs pouvaient troubler la société chrétienne. Les peines prononcées par ces jugements étaient toutes canoniques; c'étaient des pénitences plus ou moins graves, ou l'exclusion de la communion des fidèles. Mais du jour où les empereurs romains entrèrent par le baptême dans l'Église, et acceptèrent, pour ainsi dire, la tutelle, la charge des intérêts temporels de la chrétienté, ils comprirent qu'un des premiers devoirs du prince chrétien était de mettre la sainte doctrine à l'abri des hérétiques qui pouvaient y porter de graves atteintes. Nous avons les édits de Constantin contre les donatistes (316), puis, quelques années plus tard, contre les ariens. Tous ces édits de Constantin furent depuis renouvelés par ses successeurs, et appliqués avec plus ou moins de rigueur aux différentes sectes d'hérésies. Une loi de Théodose le Grand menace de mort les manichéens, et, pour en assurer l'exécution, il ordonne au préfet du prétoire d'établir des *inquisiteurs* chargés de rechercher ces hérétiques et d'informer contre eux. (*Sublimitas itaque tua det* INQUISITORES, *aperiat forum, indices denuntiatoresque sine invidia accipiat.*) C'est la première fois qu'on trouve dans les lois le nom d'inquisiteurs contre les hérétiques. Cette inquisition descend les âges, maintenue par les constitutions d'Honorius, de Théodose le Jeune, de Marcien, etc. etc. « Nous voulons, dit Théodose le Jeune dans une de ces constitutions, qu'on les traite (les manichéens, les donatistes) en criminels publics, et que tous leurs biens soient confisqués, parce que *quiconque viole la religion établie de Dieu, pèche contre l'ordre public.* » Cette pensée plus tard persuada à tous les pouvoirs temporels qui appelèrent l'institution inquisitoriale, de sévir contre les hérétiques. Justinien, dans ses institutions, après avoir placé les quatre conciles généraux parmi les lois de l'État, infligea, par une conséquence naturelle de ce principe, des peines sévères contre tous les hérétiques sans exception, *comme transgresseurs des lois de l'État..., parce que les crimes qui attaquent la majesté divine sont infiniment plus graves que ceux qui attaquent la majesté des princes de la terre.*

« Ainsi, par ce qui précède on peut voir que l'Église n'a fait que condamner les hérésies, et que les empereurs ont poursuivi les hérétiques parce qu'ils les regardaient comme les plus terribles ennemis de l'ordre social et de la paix publique.

« Ainsi, dès l'origine et jusqu'à nos jours, les évêques ont été et sont encore, dans chaque diocèse, les grands inquisiteurs de la foi, et ce n'est que pour suppléer à leur insuffisance, et quelquefois aussi à leur négligence, que des inquisiteurs à titre spécial ont été établis dans certains temps et dans certains pays. A la fin du XIIe siècle (1198), la plupart des évêques du Languedoc favorisant, par leur négligence ou leur connivence, les ravages du manichéisme dans leur province, ce fut une nécessité aux souverains pontifes, pour empêcher la ruine de ces églises, d'y envoyer directement des légats, des inspecteurs, des inquisiteurs apostoliques, chargés de travailler au maintien de la foi et à l'extirpation de l'hérésie, de concert avec les évêques les plus zélés. En 1232, un inquisiteur particulier fut nommé pour le royaume d'Aragon, parce qu'un évêque même y était devenu suspect dans la foi. Toutes ces inquisitions étaient purement ecclésiastiques. Venons maintenant à l'inquisition d'Espagne.

« L'an 1477, le roi Ferdinand et la reine Isabelle, voyant toute l'Espagne réunie sous leur domination, essayèrent d'établir une inquisition générale qui dépendît uniquement d'eux. Ce fut le cardinal Gonzalès de Mendoza, archevêque de Séville, puis de Tolède, qui leur en suggéra l'idée : voici comment. Les juifs étaient nombreux en Espagne; plusieurs de ceux qui avaient embrassé le christianisme judaïsaient en secret. Mendoza, étant à Séville avec la reine, fit une enquête à cet égard, et punit les opiniâtres. La chose ayant réussi, il conseilla à Ferdinand et à Isabelle d'introduire dans leurs États un tribunal général de cette nature. Les deux souverains trouvèrent d'abord des difficultés auprès de la cour de Rome; mais, sans attendre sa décision, ils nommèrent en 1478, pour premier inquisiteur général de Castille et de Léon, Thomas de Torquemada, prieur du couvent dominicain de Séville. Ce ne fut qu'en 1483 que le pape fut obligé de reconnaître, par une bulle particulière, le royal inquisiteur général Torquemada, de lui permettre d'instituer à son gré des inquisiteurs subalternes, de supprimer ceux nommés précédemment par le pape, et de remplir son office suivant un règlement nouveau, concerté avec le pouvoir temporel.

« Voilà en quelques mots l'origine de l'inquisition générale d'Espagne. C'est une institution plutôt royale que papale. Cette distinction est souverainement importante. L'inquisition d'Espagne étant une institution royale, et non point ecclésiastique, s'il y a des abus, l'Église n'en est pas responsable, et on ne peut pas les mettre sur son compte.

« Disons maintenant un mot de la nature, de la composition de ce tribunal; contre quelles personnes et quels actes il procédait, et de quelle manière; et enfin quelle sentence il prononçait.

« Quant à sa nature, l'inquisition d'Espagne était un

tribunal, non point papal et ecclésiastique, mais politique et royal, dépendant uniquement des rois et pour la nomination de ses juges et pour l'exécution de ses jugements. Il était composé de conseillers clercs et de conseillers laïques, comme vos parlements de France; parmi les conseillers clercs, au nombre de huit, six étaient toujours séculiers, et deux réguliers, dont l'un, mais un seul, toujours dominicain, en vertu d'un privilége accordé par le roi Philippe III : en sorte que, dans chaque tribunal de l'inquisition, il n'y avait jamais que deux religieux, dont un seul dominicain.

« Ainsi composé, ce tribunal procédait, non pas contre les mahométans ni les juifs, ni contre un étranger hérétique qui se serait trouvé en Espagne, à moins qu'il n'eût tenté d'y prêcher ses erreurs, mais contre les chrétiens qui étaient tombés ou retombés dans le judaïsme, le mahométisme ou une hérésie quelconque. Et encore, comment ce tribunal procédait-il contre eux? Il leur annonçait un terme de grâce de trente à quarante jours, pendant lesquels ils étaient libres de confesser leur faute, d'en demander pardon et de se soumettre à des expiations religieuses. Dans ce cas, le *délit* se change en *péché*, et le *supplice* en *pénitence*.

« On a reproché à la procédure de l'inquisition d'Espagne le refus de nommer les témoins. Ce refus n'était qu'une exception pour la Castille et l'Aragon seulement; cette exception devait être temporaire; mais par un de ces abus trop ordinaires, et que je suis loin d'approuver, elle s'est prolongée indéfiniment. On a reproché avec bien plus d'amertume à ce tribunal l'emploi de la question et des tortures; malheureusement il ne faisait qu'imiter ce qui se pratiquait alors dans tous les tribunaux civils, reste de barbarie qui remonte à travers les âges jusqu'aux Grecs et aux Romains.

« Enfin, quelle sentence prononçait ce tribunal? Jamais le tribunal de l'inquisition ne prononçait de sentence de mort. Il ne faisait autre chose que de constater le résultat de ses investigations par une déclaration analogue au verdict du jury en Angleterre et en France : Oui, disait-il, l'accusé est un apostat ou un hérétique opiniâtre; oui, l'accusé est un apostat ou un hérétique relaps. Après cette déclaration, le tribunal de l'inquisition avait épuisé son pouvoir. C'était à d'autres tribunaux, aux tribunaux purement civils, à faire l'application de la peine portée par la loi civile, ainsi que font aujourd'hui les juges après la déclaration du jury. Les inquisiteurs n'étaient pas plus responsables des suites de leur déclaration que ne le sont aujourd'hui les jurés de France et d'Angleterre. Enfin, même après la condamnation à la peine légale par les tribunaux civils, le roi était encore maître d'en suspendre l'exécution et de faire grâce.

« Voilà ce qu'était en soi et de sa nature le tribunal de l'inquisition d'Espagne. Quant aux abus de détail qui ont pu s'y introduire ou s'y commettre, comme il peut s'en commettre ou s'en introduire dans toutes les institutions humaines, je ne saurais contester qu'il y en a eu de graves et de nombreux, mais qui ont été singulièrement exagérés par les déclamations passionnées des philosophes.

« Quant au résultat général de l'inquisition d'Espagne, personne ne peut le contester; il y a à cet égard une expérience de trois siècles. Pendant ces trois siècles, l'Espagne a joui constamment de la paix et de la tranquillité intérieure, tandis que les guerres et les dissensions civiles et religieuses agitaient le reste de l'Europe, et y faisaient couler des flots de sang.

« Vous le voyez, dit en terminant don Cayetano, l'inquisition d'Espagne n'a pas fait autant de mal qu'on a bien voulu le dire, et l'Espagne lui est redevable de cette admirable unité de la foi dont elle est si fière, et qui lui a mérité à juste titre l'épithète de *catholique.* Il ne faut pas perdre de vue dans quelles circonstances ce terrible tribunal a été établi : c'était après sept siècles de combats contre les ennemis de la foi, contre les envahisseurs étrangers; c'était au lendemain de la victoire, quand nous avions le droit d'en imposer les conditions aux vaincus, que nous leur avons dit : Si vous voulez rester parmi nous, soumettez-vous à nos lois et à notre religion; sinon, retournez dans le pays de vos ancêtres. Les uns acceptèrent ces conditions, les autres préférèrent retourner en Afrique rejoindre leurs coreligionnaires. Ces derniers partirent sans rencontrer d'obstacles; quant aux autres, on exigea que leur conversion fût sincère, et l'inquisition se chargea de sévir contre ceux qui, après avoir abjuré leurs erreurs, seraient retournés aux pratiques de la foi musulmane. Les mêmes mesures et les mêmes conditions furent imposées aux juifs.

« Maintenant, si j'ai dit en commençant que j'applaudissais à la suppression du tribunal de l'inquisition, c'est parce que je le regarde comme un tribunal exceptionnel, utile pour le temps et dans les circonstances où il a été établi, mais qui, depuis les rois de la dynastie des Bourbons, avait beaucoup perdu de son influence, et qui dans ces derniers temps était devenu tout à fait inutile. Je crois donc qu'il est bon de revenir maintenant à la règle générale, c'est-à-dire à la juridiction épiscopale, légitime et incontestable inquisition, qui remonte aux apôtres eux-mêmes et durera autant que l'Église, sans pour cela méconnaître les bienfaits d'une institution temporaire qui a été et qui peut être encore appelée dans d'autres pays, et dans d'autres circonstances, à rendre de grands services à la religion et à l'État. »

J'ai résumé dans ce qu'on vient de lire l'ensemble de plusieurs entretiens que j'eus avec don Cayetano sur ce sujet; car il y aurait de quoi faire un livre complet avec tous les détails qu'il me donna sur l'histoire de l'inquisition, et tous les développements dans lesquels il entra sur la procédure de ce tribunal.

Les deux années que j'ai passées à Séville ont été sans contredit le plus heureux temps de mon séjour en Espagne. Mais les événements de la guerre devaient bientôt m'arracher aux délices de ce beau pays. Au mois d'avril 1812, l'armée anglaise, commandée par Wellington, sortit brusquement du Portugal, investit Badajoz et s'en empara, avant qu'on eût appris à Séville que l'ennemi l'assiégeait de nouveau. La bataille des Arapiles, où fut défait le maréchal Marmont, vint encore ajouter à nos malheurs. Les Anglais nous avaient repris le Portugal; nos armées faisaient des prodiges de valeur, mais elles s'affaiblissaient, et ne pouvaient recevoir de renforts; l'empereur s'avançait au milieu de la Russie avec une armée formidable, il emmenait toutes les troupes dont on aurait pu disposer pour l'Espagne. D'un autre côté, les guerrillas nous harcelaient sans cesse et nous faisaient un mal affreux; chaque jour elles nous enlevaient quelque détachement, un petit convoi, une petite garnison, et ces petites prises réunies formaient ensuite un total assez considérable. Si les Français n'avaient eu d'autres adversaires que les troupes de ligne conduites par Wellington et par les généraux espagnols, ils en auraient eu facilement raison; mais comment dompter cet ennemi insaisissable, divisé en une infinité de bandes irrégulières, disséminées sur tous les points de l'Espagne, assassinant les traînards et les soldats isolés, interceptant toutes les correspondances, et contraignant les Français à éparpiller leurs forces pour être à la fois partout?

Les généraux français appelaient ces bandes un ramassis de brigands et de factieux. Cette qualification était injuste, car on trouvait parmi ces hommes un grand nombre d'individus qui n'obéissaient qu'à l'amour de leur pays; ils ne combattaient que pour son indépendance. Cependant il ne faut pas, comme l'ont fait des auteurs espagnols, déifier en quelque sorte tous les guerrilleros. Leurs bandes se recrutaient dans toutes les classes de la société. On y trouvait des artisans, des laboureurs; mais elles renfermaient aussi des contrebandiers, des voleurs de grand chemin, qui mettaient au service de la patrie l'expérience et la vigueur acquises dans l'exercice de leur vie criminelle. On y voyait des vagabonds, des moines défroqués, et toutes ces existences déclassées si nombreuses en temps de révolution, On comprend que des bandes ainsi composées étaient promptes à se porter à tous les excès. Aussi n'est-il pas de supplices qu'ils n'aient fait subir aux prisonniers qui tombaient entre leurs mains. On rencontrait souvent les cadavres de ces malheureuses victimes mutilées de la plus horrible manière. Les soldats français, exaspérés par ces actes de cruautés, se livraient à de terribles représailles; et la guerre avait pris un caractère inouï de férocité. Néanmoins, quelques chefs de bandes ont acquis une grande célébrité. Je citerai seulement les noms de Martin Diaz, surnommé *el Empecinado;* Juan Palarca, surnommé *el Medico* (le médecin); don Juan Diaz Porlier, *el Marquisito (le petit marquis);* Pablo Morillo; le père Nebot, moine franciscain, connu sous le nom d'*el Frayle;* les deux Mina; Jauregny, surnommé *el Pastor,* etc.

Voilà quels furent les plus célèbres guerrilleros; et l'on peut dire que sans eux l'Espagne eût été infailliblement soumise; leurs bandes, d'une excessive mobilité, se trouvaient en force partout où il y avait quelque convoi à surprendre; mais elles disparaissaient aussitôt quand on se mettait à leur poursuite. Elles interceptaient toute communication entre les divers corps de l'armée française. Elles assuraient, au contraire, les communications des armées anglaises et espagnoles; elles éclairaient leurs marches, couvraient leurs mouvements. Aussi Wellington ne s'est montré qu'à moitié juste à leur égard, lorsqu'il a écrit dans un de ses rapports : « Les guerrillas opèrent avec une grande activité sur tous les points de l'Espagne, et bon nombre de leurs dernières tentatives contre l'ennemi ont eu un plein succès. » Pour rendre un entier hommage à la vérité, il aurait dû dire : « Les guerrillas ont préparé, assuré la victoire; les troupes réglées l'on recueillie. »

A la suite de la bataille des Arapiles, Wellington s'était dirigé sur Madrid. Joseph quitta une seconde fois sa capitale, où les Anglo-Espagnols entrèrent le 11 août 1812. Le maréchal Soult fut contraint, par suite de ce mouvement, de concentrer ses forces, et d'abandonner l'Andalousie. Le jour même où nous reçûmes du maréchal l'ordre de nous disposer au départ, on me remit une dépêche du ministère de la guerre qui me nommait chef d'escadron d'état-major, et m'appelait à remplir mes nouvelles fonctions à l'armée du nord, alors en Russie. On n'avait pas répondu à ma demande d'un congé de convalescence, et l'on m'accordait un avancement que je n'avais pas demandé. J'appris dans la suite que ma lettre n'était jamais parvenue au ministère, et que mon avancement était dû au rapport favorable qui avait été fait au gouvernement sur la part que j'avais prise à l'évasion des prisonniers de *la Vieille-Castille.*

Quoique je fusse bien aise de m'éloigner de l'Espagne, qui me rappelait de si tristes souvenirs, et de ne plus prendre part à une guerre dont le caractère devenait de jour en jour plus barbare, je laissais dans ce pays plusieurs amis que je regrettais, et je n'oubliais pas que des jours heureux y avaient succédé à des jours de misère.

Je ne pouvais suivre l'itinéraire le plus court pour me rendre en France, puisque Madrid était occupé par l'ennemi. Je fus obligé d'attendre le départ de l'armée d'Andalousie, et de suivre ses mouvements jusqu'à ce qu'il me fût possible de gagner la frontière de la France.

L'armée quitta Séville le 26 août à trois heures du matin; le 31, à midi, nous arrivâmes à Grenade. De toutes les villes d'Espagne que je connais, Grenade est celle qui me plairait le mieux; sa position est magnifique, c'est un séjour vraiment enchanteur. Des campagnes fertiles et riantes, un climat dont l'ardeur est tempérée par l'air frais qui descend des montagnes voisines, toujours couvertes de neige, rendent cette ville préférable aux autres cités de l'Andalousie. Le peu de temps que nous restâmes dans cette ville ne me permit pas d'en visiter tous les monuments, comme je l'aurais désiré. On retrouve à Grenade des restes superbes de la magnificence des rois maures, de leur luxe, du bon goût, de l'élégance recherchée et de l'habileté de leurs artistes; l'*Alhambra* seul, l'ancien palais des rois, en réunit un grand nombre qui sont aussi précieux les uns que les autres; mais je n'ai fait que parcourir trop rapidement ce monument pour pouvoir en donner une description détaillée, que du reste on trouve partout.

Le but de maréchal Soult, en venant à Grenade, était de réunir à son armée toutes les troupes qui se trouvaient dans les environs de cette ville et dans le royaume de Valence. Dès que cette jonction fut opérée, nous nous dirigeâmes sur Madrid. Aucun obstacle ne s'opposa à notre marche; car je ne saurais donner ce nom à quelques escarmouches insignifiantes. Le 29 octobre, nous arrivâmes à Aranjuez. Je courus à la maison de don Ramon de Morillejos. Je ne trouvai que sa fille la religieuse, qui avait été forcée de quitter son couvent. Quand je me fus nommé, elle fondit en larmes en me disant que son père et sa mère lui avaient souvent parlé de moi avant leur mort. « Comment! ils sont morts? m'écriai-je. — Hélas! oui, me répondit-elle; j'ai eu le malheur de perdre mon père avant ma sortie du couvent; ma pauvre mère est morte ici dans mes bras. — Dites-moi où ils sont enterrés, je veux aller prier sur leur tombe. » Elle me nomma l'église où ils étaient inhumés, et je m'empressai d'aller m'acquitter de ce pieux devoir.

La ville d'Aranjuez et ses environs n'étaient plus reconnaissables; la plupart des maisons démolies ou brûlées; les jardins délicieux où jamais l'explosion d'une arme à feu n'avait effrayé les paisibles animaux qui les peuplaient, où la cognée du bûcheron avait respecté pendant tant d'années le chêne et l'acacia, offraient la triste image de la dévastation; partout la guerre avait porté le ravage et la destruction. Nous quittâmes Aranjuez le 1er novembre, et le 2 nous étions à Madrid.

Quel changement aussi offrait cette capitale! Les brillants équipages avaient disparu; les grands de la cour et les gens riches s'étaient éloignés, en laissant les plus belles maisons désertes; des troupes de mendiants parcouraient les rues et les places publiques en demandant du pain, et la ville entière retentissait des cris de ces malheureux. Ce douloureux spectacle me fit hâter mon départ de Madrid. Un convoi considérable et bien escorté partait pour la France le 5 novembre. J'en profitai, et un mois après je traversais la Bidassoa, heureux de revoir enfin la France, dont j'étais absent depuis cinq ans.

Au moment où je quittais l'Espagne nous avions repris partout l'offensive. Wellington ne tint nulle part devant le maréchal Soult. Le général anglais fut forcé d'abandonner la Vieille-Castille, et fut encore une fois rejeté en Portugal. Il eût été alors possible à Joseph d'occuper de nouveau l'Andalousie ; mais les pertes immenses que Napoléon venait de faire en Russie le contraignirent à retirer d'Espagne une grande partie des meilleures troupes qu'il y avait envoyées. Le maréchal Soult lui-même fut bientôt rappelé. Les Anglais profitèrent de cet affaiblissement ; ils firent des progrès rapides ; et les Français, dans le but de rassembler encore leurs forces derrière l'Ebre, évacuèrent pour la dernière fois Madrid, le 28 mai 1813.

Le 20 juin, la désastreuse bataille de Vittoria, digne pendant de l'épouvantable catastrophe de la Bérésina et de la déroute non moins funeste de Leipsick, vint achever l'expulsion définitive des Français de la Péninsule, et ouvrit les frontières du midi aux armées étrangères, comme la bataille de Leipsick leur ouvrait celles du nord et de l'est. Ferdinand VII remontait sur le trône de ses pères au moment où celui qui l'en avait fait descendre était renversé du sien par l'Europe coalisée.

FIN

TABLE

CHAPITRE PREMIER

CHAPITRE II

CHAPITRE III

CHAPITRE IV

CHAPITRE V

CHAPITRE VI

CHAPITRE VII

CHAPITRE VIII

CHAPITRE IX

CHAPITRE X

CHAPITRE XI

CHAPITRE XII

Tours, impr. Mame.

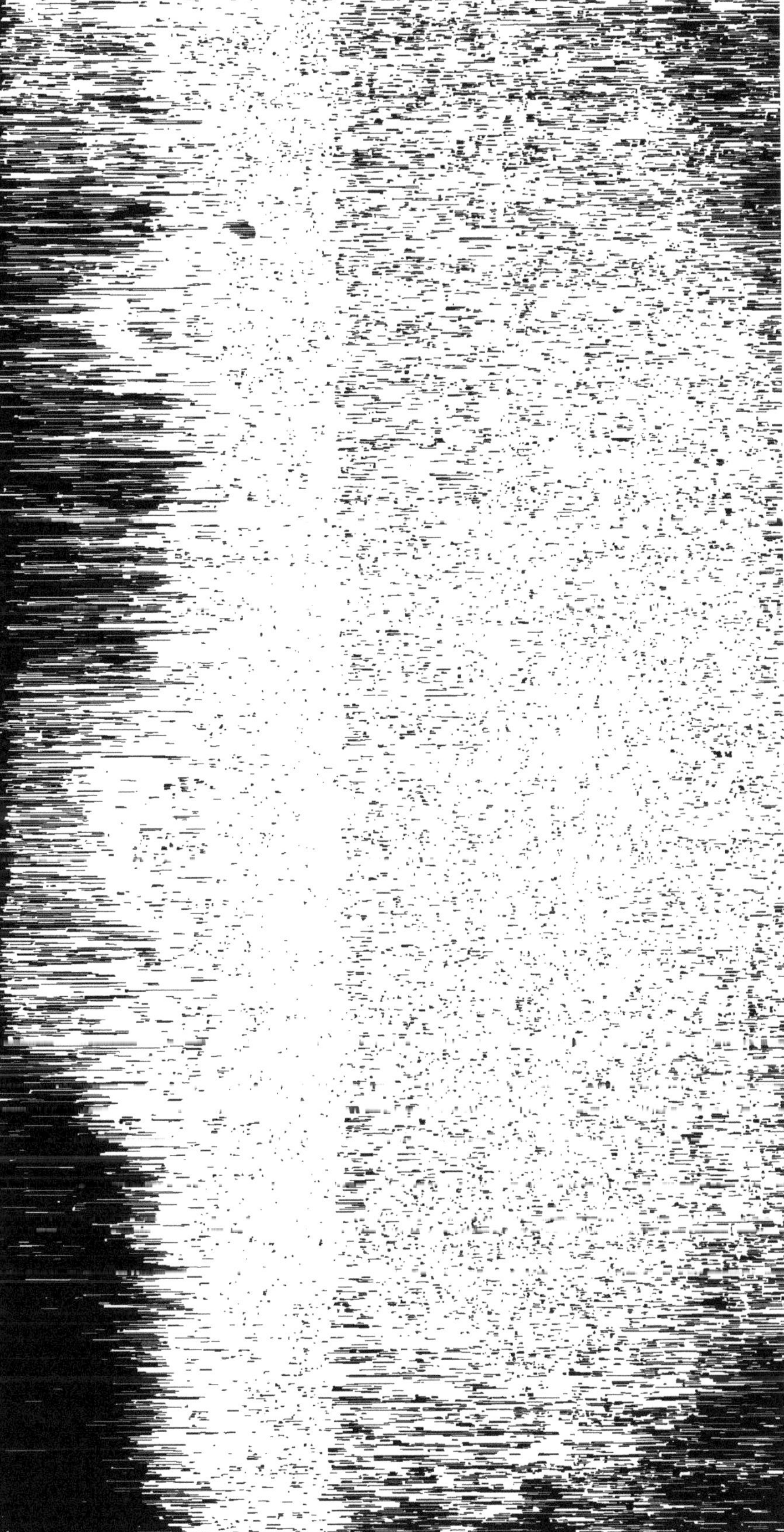

BIBLIOTHÈQUE DE LA JEUNESSE CHRÉTIENNE

FORMAT IN-8° — 2e SÉRIE

Chaque volume est orné d'une gravure d'après K. Girardet

AFRIQUE INCONNUE (l'), Récits et Aventures des voyageurs modernes au Soudan oriental, par M. Gilbert, professeur à l'Université de Louvain.
ALDA, L'ESCLAVE BRETONNE, traduit de l'anglais par Mme L. de Montanclos.
APÔTRES DE CHARITÉ (les), par A. M.
AUSTRALIE (l'), par ***.
BONHEUR DANS LE DEVOIR (le), par Mme L. Boyeldieu-d'Auvigny.
CHRONIQUES DU MONT SAINT-BERNARD, par M. Le Gallais.
COMTESSE DE GLOSWOOD (la), par Mlle Antonine Lecler.
CONQUÊTES EN ASIE par les Mogols et les Tartares, par M. de Chavannes.
DERNIER DES STUARTS (le), par J.-J.-E. Roy.
DERNIERS CÉSARS DE BYZANCE (les), par M. Todière.
DEUX FAMILLES (les), par Mme la comtesse de Bassanville.
ÉCOLE DE LA PIÉTÉ FILIALE (l'), par A. Vallos.
ÉLISA SCHUMLER, par Stéphanie Ory.
ÉMILE ARTHENAI, par C. Guenot.
ÉTATS-UNIS D'AMÉRIQUE (histoire des), par Théophile Ménard.
FEU DU CIEL (le), histoire de l'Électricité, par Arthur Mangin.
FRANÇAIS EN ÉGYPTE (les), par J.-J.-E. Roy.
FRANÇAIS EN ESPAGNE (les), par J.-J.-E. Roy.
FRANÇAIS EN RUSSIE (les), par J.-J.-E. Roy.
GUERRE D'ITALIE EN 1859 (histoire de la), par J.-J.-E. Roy.
GUILLAUME LE CONQUÉRANT, par M. Todière.
HIST. ABRÉGÉE DES MISSIONS CATHOLIQUES dans les diverses parties du monde.
HISTOIRE DE LA SAVOIE ET DU PIÉMONT, par M. Le Gallais.
HISTOIRE DU SIÉGE ET DE LA PRISE DE SÉBASTOPOL, par J.-J.-E. Roy.
IMPRESSIONS D'UN PÈLERIN DE TERRE-SAINTE, par M. l'abbé Becq.
JEAN RACINE (histoire de), par J.-J.-E. Roy.
JUANNA, suivi de Julie de Salerange, par Stéphanie Ory.
LOUIS XII, ROI DE FRANCE (histoire de), par M. Todière.
LUCIE, Épisode de l'histoire de Syracuse, par René du Mesnil de Maricourt.
MARCUS PLAUTIUS, ou les chrétiens sous Néron, par C. Guenot.
MARIE-ANTOINETTE (histoire de), reine de France, par J.-J.-E. Roy.
MARIE DE BOURGOGNE, par Mlle A. Gerbier.
MARIE ET MARGUERITE, par F. Villars.
MARIE-THÉRÈSE D'AUTRICHE (histoire de), par J.-J.-E. Roy.
MERVEILLES DE L'INDUSTRIE, par Arthur Mangin.
MON ONCLE ANDRÉ, par Théophile Ménard.
NORMANDIE ANCIENNE ET MODERNE (histoire de la), par Ch. Barthélemy.
RÉVOLUTION DE 1688 EN ANGLETERRE (histoire de la), par Th. Ménard.
ROBINSONS FRANÇAIS (les), ou la Nouvelle-Calédonie, par J. Morlent.
[illegible] SOUS NÉRON, Études historiques, par A. M.
[illegible] ALGÉRIENNES, par M. l'abbé Léon Godard.
[illegible] EN FAMILLE, par A. M.
[illegible] DE CHATEAUBRIAND, par Théophile Ménard.
[illegible], par Mgr Chalandon, archevêque d'Aix.
[illegible], prince de Tibériade, par C. Guenot.
[illegible] ET LOUIS, ou le Remplaçant et le Remplacé, par Théophile Ménard.
VOYAGES DE L'ONCLE CHARLES, par Mme de Montanclos.

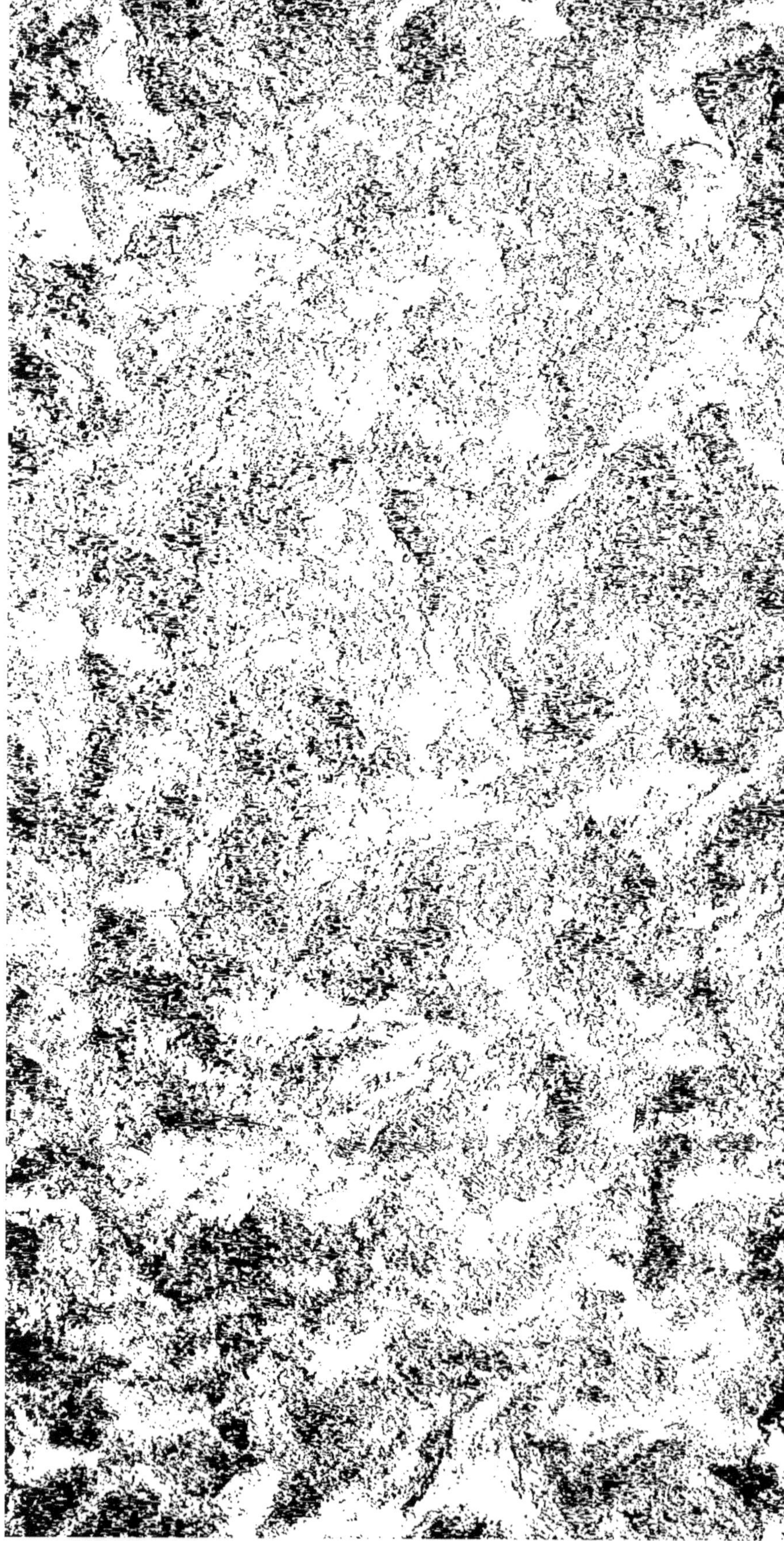

www.ingramcontent.com/pod-product-compliance
Ingram Content Group UK Ltd.
Pitfield, Milton Keynes, MK11 3LW, UK
UKHW012022240726
13965UKWH00002B/512

9 782013 184007